Breve historia de Carlos V

BREVE HISTORIA DE CARLOS V

José Ignacio Ortega

nowtilus

Colección: Breve Historia
www.brevehistoria.com

Título: *Breve historia de Carlos V*
Autor: © José Ignacio Ortega Cervigón
Cartografía: © Juan Carlos Ortega Cervigón

Copyright de la presente edición: © 2018 Ediciones Nowtilus, S.L.
Doña Juana I de Castilla, 44, 3º C, 28027 Madrid
www.nowtilus.com

Elaboración de textos: Santos Rodríguez

Diseño y realización de cubierta: Universo Cultura y Ocio
Imagen de portada: *Carlos V y la emperatriz Isabel de Portugal* (1628-1629), Rubens. En el Palacio de Liria. (fuente: https://commons.wikimedia.org/wiki/File:Peter_Paul_Rubens_-_Charles_V_and_the_Empress_Isabella_-_WGA20379.jpg)

ISBN edición impresa: 978-84-9967-862-7
ISBN impresión bajo demanda: 978-84-9967-863-4
ISBN edición digital: 978-84-9967-864-1
Fecha de edición: enero 2018

Impreso en España
Imprime: GZ Printek
Depósito legal: M-34383-2017

Para Victoriano, padre, guía, espejo,
«relox e despertador»

Índice

Introducción

La obra *Breve historia de Carlos V* supone un recorrido panorámico del gobierno de uno de los más poderosos gobernantes de la modernidad. Un monarca y emperador que aunó territorios inimaginables bajo su cetro, en una encrucijada histórica única, el albor de una época en la que los horizontes geográficos de la humanidad se amplían y los cimientos de los incipientes estados germinan. Una etapa gozne cuyo Renacimiento recupera el saber y la cultura clásicos que ponen como centro del universo, por fin, al hombre, sin por ello desdeñar el refugio de una religiosidad si cabe más acusada por las fricciones de la cristiandad occidental y las amenazas externas.

La propuesta de este proyecto, inmiscuirse en la trayectoria política y vital de uno de los personajes históricos más poderosos de todos los tiempos, fue paralela a la proyección de una magnífica adaptación biográfica, alabada por su rigor y su ejecución artística, la serie televisiva *Carlos, rey emperador*. El reto inicial incluía la dificultad de sumergirse en una ingente e inabarcable bibliografía, fuentes primarias diversas y estudios historiográficos previos realizados sobre la figura de Carlos V, y sintetizar sus aportaciones y recoger los hechos más destacados.

Carlos V es un personaje con evidentes contradicciones tejidas por las mentalidades de su tiempo y con una visión cinemascópica de la realidad. Tenía un impulso que le hacía acudir al último rincón del imperio para combatir la herejía que para él representaba el protestantismo luterano, pero que también le capacitaba para retar varias veces a su archienemigo Francisco I, a quien siempre trató con honor; ningunear títulos al conquistador de México, Hernán Cortés; y no incluir alusión alguna a las Indias en su testamento.

El lector no ha de interpretar con ojos contemporáneos realidades conceptuales institucionales de la época. Así, términos como Estado, nación, imperio o España responden a un contexto ajeno y lejano, pero unívoco en sus coordenadas históricas. La complejidad del personaje estudiado presenta múltiples frentes abiertos y una acumulación del poder político inabarcable. Emperador más honorífico que efectivo de una amalgama de territorios coleccionados a golpe de herencias... y sumas astronómicas.

La política matrimonial de los proto-Estados europeos y algunas muertes prematuras provocaron que el príncipe Carlos de Borgoña heredara la corona de Castilla y Aragón. La llegada de un adolescente Carlos a Castilla en 1517 despertó recelos al tratarse de un monarca extranjero, rodeado además de su cohorte borgoñona. La política interior comenzó con las consecuencias de la revuelta de las Comunidades y las Germanías, como epílogo de los conflictos de impronta medieval, que hubo de atajar el monarca con decisión. Carlos V profesionalizó la administración gubernamental, potenciando instituciones creadas por los Reyes Católicos con vistas al fortalecimiento de la figura del rey, aunque se mantuvieron las instituciones propias de cada reino. La figura del secretario real como principal cabeza visible del Gobierno de los Austrias resultó clave.

La política exterior de Carlos V giró en torno a la defensa de la herencia territorial, para lo que hubo de enfrentarse al rey francés —con el espacio fragmentado de la Italia renacentista como botín—, al Imperio otomano y a los príncipes protestantes alemanes. Carlos V contaba con un ejército dividido en tercios formados por mercenarios bien organizados. El emperador afrontó la lucha contra la Reforma protestante luterana en el territorio alemán, partidario de una conciliación que no fue posible.

Partiendo de testimonios cronísticos, realizamos una semblanza de la personalidad y carácter del monarca, tanto en su esfera pública como en la privada, con ilustración de numerosas anécdotas y cuestiones más desconocidas sobre su biografía. Pero un hombre de Estado, obviamente, necesita unos parámetros del contexto social y económico en el que vivió para encuadrar y valorar sus actuaciones.

La sociedad del siglo XVI hunde sus raíces en época bajomedieval. Dividida en estamentos privilegiados (nobleza y clero) y no privilegiados (el resto de la población), el ascenso estaba reservado a unos pocos, por lo que la pertenencia a uno u otro grupo social venía determinada por el nacimiento. Durante el reinado de Carlos V se concedió el título de la grandeza de España a veinte linajes nobiliarios destacados.

También se repasan en este apartado las características de grupos sociales alejados del poder y se describe la persecución a minorías religiosas por el tribunal de la Santa Inquisición.

Mientras el noventa por ciento de los recursos económicos siguieron ligados a la tierra, la llegada a América proporcionó, a la incipiente monarquía hispánica, de metales preciosos y la instauración de un rico comercio con las Indias. En una época en que las finanzas iban ligadas a los continuos gastos bélicos, la institución hacendística y su gestión de los recursos recaudados cobraron un protagonismo esencial en el Estado moderno, incluida la petición de onerosos préstamos a banqueros.

El penúltimo capítulo está dedicado a los dos últimos años de vida del emperador Carlos V, que transcurrieron en el monasterio jerónimo de Yuste, en Extremadura. Allí pudo reflexionar sobre una vida llena de acción y decisiones no siempre acertadas, mostrando su lado más piadoso y humano.

La historia cultural del Renacimiento, para finalizar, se muestra esplendorosa en el período que abarca el gobierno del primer Habsburgo. Durante la primera mitad del siglo XVI, se realizaron grandes aportaciones en el campo de la literatura, la creación artística o la ciencia.

Debe emitir el lector algún juicio personal ante tanto interrogante en la biografía del emperador Carlos V tras la lectura introductoria del texto que hemos preparado sobre su figura. ¿Prima más el carácter borgoñón o el español? ¿Hay más rasgos políticos medievales o modernos en su concepción del poder? ¿Estaba vacía de contenido la idea imperial de Carlos V? ¿Se atisba la etiqueta europeísta en sus acciones políticas? ¿Por qué litigó infatigable por mantener la unidad religiosa que había permanecido inquebrantable durante quince siglos? ¿Por qué hubo mayor condescendencia hacia los comuneros de Castilla que hacia los alborotadores de Gante, el lugar donde nació? ¿Cómo pudo realizar tantos viajes y desplazamientos y estar al pie de la batalla en los enfrentamientos militares? Incluso, el lector puede pretender responder al reto lícito de las ucronías históricas, que en el caso de Carlos V son numerosas: ¿qué hubiera ocurrido si…?

1

Un extranjero llega a Castilla

Las coordenadas políticas del siglo XVI

El siglo XVI es el punto de partida del mundo moderno, un período histórico plagado de transformaciones. La fragmentación política característica de la Europa feudal, con su enjambre de pequeños reinos y territorios que aglutinaban una jerarquizada red de vasallaje, fue encaminándose a la conformación de estructuras políticas más autoritarias, donde las monarquías descansaban su gobierno en distintas instituciones con afinidad a sus intereses y alejadas de cualquier atisbo de representatividad política. La centuria ligada al concepto del Renacimiento —en realidad el *cinquecento*, aunque el rescate de la Antigüedad comienza a producirse durante el *quattrocento*— muestra aún características y permanencias medievales y algunos procesos de creación reciente, propios de las nuevas coordenadas mentales que los cambios políticos, económicos y religiosos impusieron.

El siglo XVI es, por tanto, un espacio clave para comprender el devenir histórico del mundo actual, eso sí, desde una perspectiva eurocéntrica. Los descubrimientos geográficos realizados por navegantes portugueses y castellanos desde el siglo XV tuvieron amplias repercusiones: el trasiego de metales americanos hizo subir los precios en Europa, la introducción de nuevos cultivos supuso cambios en la dieta alimenticia, las migraciones hacia América introdujeron enfermedades en la población indígena, la apertura de los mercados africano y americano propagó el capitalismo auspiciado por la burguesía y la lengua castellana, y la religión católica barnizó el mestizaje cultural del nuevo continente. El descubrimiento de América conllevó, por tanto, la ampliación del orbe conocido por los europeos, apresurados en arriar las velas y expandir las rutas comerciales atlánticas en detrimento de las mediterráneas. La Edad Moderna en su preámbulo *mundializó* la historia.

El Renacimiento

El nacimiento del Estado moderno se muestra en todo su esplendor durante el Renacimiento, un término historiográfico que sepultaba de un plumazo los siglos oscuros de la Edad Media entre la luz de dos épocas culturalmente fulgurantes: la Antigüedad clásica y el Renacimiento de la misma en las manifestaciones culturales. El movimiento humanista contextualizó la dimensión central del individuo en el universo y fomentó el prestigio social del artista, revalorizado dentro del mecenazgo realizado por los monarcas, los grandes nobles o los papas.

La época del Renacimiento proporcionó la primera gran ruptura con la plasmación de la realidad imperante hasta entonces al imitar el estilo de los clásicos en la arquitectura, la escultura y la pintura. Se perseguía la belleza clásica e idealizada, que se resumía en la consecución de la simetría, la proporción y la armonía. La pintura renacentista, efectuada al fresco o al óleo sobre tabla o lienzo, refleja composiciones geométricas, equilibradas y serenas dentro de una temática preferentemente mitológica o religiosa. La consecución técnica de la perspectiva aérea supuso un logro que permitió plasmar el espacio tridimensional en los cuadros. Entre los principales artistas del Renacimiento destacaron Leonardo da Vinci, Rafael Sanzio, Miguel Ángel y Tiziano en Italia, y los hermanos Van Eyck en Flandes.

El Estado moderno hunde sus raíces en los intentos de centralización monárquica de los territorios europeos desde el siglo XIII en adelante. Los monarcas habían ido asumiendo cada vez mayor poder, asentados en un modelo autoritario fundamentado en el derecho romano y canónico. El Estado moderno se caracterizó por el dominio político de la monarquía sobre la nobleza, la burocratización de una administración ejercida por juristas especialistas, la creación de ejércitos profesionales y permanentes, el control absoluto de la justicia y la resolución de los conflictos internacionales por la vía diplomática en su vertiente de enlaces matrimoniales convenidos.

Tiziano, *Amor sacro y Amor profano* (1514). Galería Borghese, Roma. Tiziano fue uno de los mayores representantes de la escuela veneciana, caracterizada por la profusión del color y la luminosidad de su pintura, el uso de la perspectiva aérea y una expresión vitalista en sus personajes, ataviados en ocasiones con ropajes exóticos, muestra de la pujanza económica de la ciudad de Venecia. El Renacimiento recuperó también del mundo clásico las enseñanzas filosóficas de Platón y sus discípulos. Este cuadro tendría una interpretación neoplatónica: según esta corriente, de la que Tiziano era seguidor, la belleza terrenal es un reflejo del mundo celestial, que debemos alcanzar a través del amor intelectual, el humanismo.

La aparición de los primeros proto-Estados nacionales tiene su origen en la Baja Edad Media, y su construcción culmina a lo largo del siglo xvi. Hacia 1500, Inglaterra y Francia, tras su sempiterno enfrentamiento durante la guerra de los Cien Años (1337-1453), eran dos territorios poderosos; los Reyes Católicos habían unificado dinásticamente Castilla y Aragón, no obstante, mantuvieron sus instituciones, su legislación y su moneda propias; el Imperio alemán estaba dividido en pequeños territorios y principados, con la casa de Habsburgo al frente; la península italiana estaba fragmentada en una serie de reinos y ciudades-Estado independientes; el Imperio otomano, asentado en los

Balcanes, suponía la principal amenaza para la cristiandad occidental.

En el ámbito económico, la burguesía había amasado ingentes cantidades de dinero porque diversificó sus fuentes de ingreso entre las rentas de sus propiedades agrícolas y el comercio. Los grandes comerciantes y mercaderes multiplicaban sus beneficios convertidos en los nuevos amos del *show business* de la época, los banqueros. Las personas vinculadas al comercio utilizaron sofisticadas técnicas financieras, como los bancos, los cheques, las letras de cambio y las sociedades mercantiles. La era del capitalismo echaba a andar, favorecida por la circulación monetaria emanada de ambos lados del Atlántico y la ampliación de mercados antes insospechados. La pirámide social dividida por estamentos se mantuvo casi intacta y precisamente la burguesía, que ocupaba algunos cargos municipales, se había equiparado en riqueza y modo de vida a la nobleza, aunque no alcanzaba aún sus privilegios jurídicos y derechos políticos. Hubo de esperar pacientemente hasta el final de la Edad Moderna para lograrlo, cuando se hizo añicos la estructura social estamental y la burguesía se erigió en protagonista y promotora de la Revolución Industrial y de la Revolución francesa.

Desde el punto de vista de las mentalidades, el movimiento cultural del humanismo había logrado elaborar una explicación racional del mundo alejada del teocentrismo de las centurias medievales y con el ser humano como medida de todas las cosas. Originado en Italia y difundido por toda Europa durante el siglo XV, el humanismo estudiaba todas las facetas relacionadas con el hombre y ofrecía una visión optimista de la realidad a través de un pensamiento individual y crítico que utilizaba el método científico. El arte y la cultura miraron al legado de los escritores y artistas griegos y romanos.

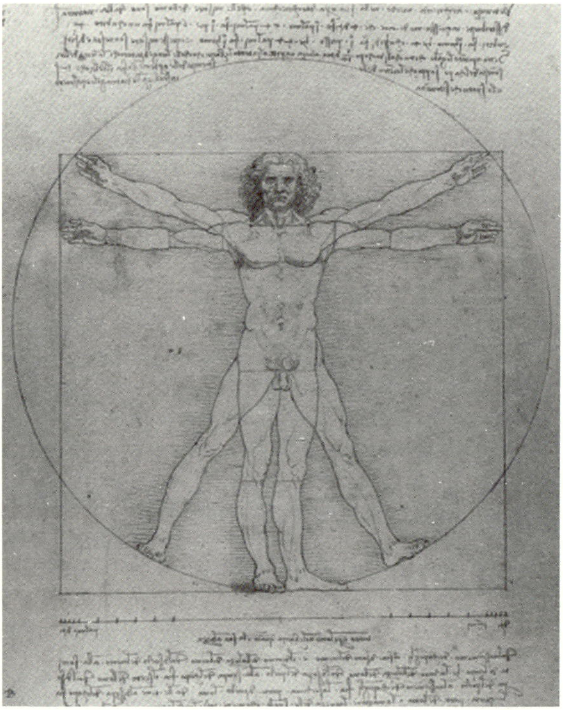

Leonardo da Vinci, *El hombre de Vitruvio* o *Estudio de las proporciones ideales del hombre* (1490). Galería de la Academia, Venecia. Este estudio anatómico del hombre forma parte de uno de los diarios de dibujo de Leonardo da Vinci, compendio paradigmático del artista humanista. Está realizado a partir de los textos del arquitecto romano Vitruvio, que había descrito las proporciones matemáticas del cuerpo humano con sumo detalle: «Si separas las piernas lo suficiente como para que tu altura disminuya 1/14 y estiras y subes los hombros hasta que los dedos estén al nivel del borde superior de tu cabeza, has de saber que el centro geométrico de tus extremidades separadas estará situado en tu ombligo y que el espacio entre las piernas será un triángulo equilátero».

Incluso intelectuales como Erasmo de Rotterdam planteaban la necesidad de reforma de la Iglesia y un cristianismo más individual y de corte ético.

No obstante, la Iglesia como institución y el papado como su máximo exponente mantuvieron y multiplicaron sus privilegiadas arcas y prebendas terrenales. El poder temporal de los Estados Pontificios en el albor del siglo XVI había crecido ostensiblemente, olvidadas ya las querellas sobre la supremacía del pontificado frente al imperio, propias del apogeo teocrático de la época de Inocencio III. La teocracia pontificia consideraba que los papas, como vicarios de Dios en la tierra, tenían mayor preeminencia espiritual y temporal que cualquier otro poder. Fue el papado una institución que renovó la arquitectura y el mecenazgo artístico de Roma y de Italia, apoyado en el favor de sus ciudades. Como gran paradigma cultural de la época renacentista, la aparición de la imprenta también supuso un instrumento de difusión de la palabra escrita muy eficaz en las acciones de gobierno de los Estados modernos.

Para el caso de la península ibérica en época de los Reyes Católicos, como escribe Pierre Chaunu, la construcción de un Estado territorial fue una quimera, pues aunaba dos coronas —corona y *coronilla*— muy desiguales. Un sistema de norte a sur que unía Borgoña con Castilla, espejo del comercio lanero y pañero, y un sistema de este a oeste que enlazaba Aragón y sus territorios mediterráneos con el epicentro italiano como permanente enjambre de conflictos. Castilla sustituyó hacia 1540 a los Países Bajos como centro de operaciones del sistema imperial, lo que condujo a un siglo de altibajos en el que se dirimiría lo que hoy denominaríamos el orden internacional, asemejando su capacidad de hegemonía política de una forma artificial. Asevera el hispanista francés que «la dilatación,

Viviano Codazzi. *Basílica de San Pedro* (1630). Museo del Prado, Madrid. La basílica de San Pedro del Vaticano fue desde el siglo XVI el centro de la cristiandad católica y símbolo del enorme poder político y territorial de los Estados Pontificios. El pontificado suponía la máxima representación institucional de la cristiandad, y evolucionó desde su origen en el siglo I d. C., en el que se reconocía cierta primacía a los obispos de Roma. A partir del siglo XI, el pontificado y el Imperio germánico se enfrentaron por la supremacía moral y política sobre los cristianos.

la crucifixión imperial le hicieron perder una parte de las ventajas derivadas de la consolidación del Estado en el interior del espacio castellano y de la aproximación de las dos coronas ibéricas». Y, como veremos, no eran juicios erráticos, pues Castilla, sobre todo, y Aragón sucumbieron al canto de sirenas de los efímeros oropeles y acabaron asfixiados en la cenagosa crisis del siglo XVII.

Antecedentes regios, Fernando e Isabel

Isabel de Castilla y Fernando de Aragón configuraron las bases del Estado-nación a partir de un matrimonio en 1469 que unió dinásticamente los dos reinos más poderosos de la península ibérica, aunque no desde el punto de vista institucional. El reinado de Isabel y Fernando, Reyes Católicos desde 1496 gracias a la bula *Si convenit* del papa Alejandro VI, ha sido considerado por la historiografía especializada como un gozne de los períodos medieval y moderno porque en él se pueden apreciar rasgos políticos, económicos, sociales y culturales de ambas edades históricas.

Los conflictos internos debilitaron a ambos reinos. Por un lado, la guerra civil con Cataluña (1462-1472) socavó la economía aragonesa y permitió la injerencia francesa. Por el otro, la guerra civil entre Isabel y la nobleza partidaria de los derechos sucesorios de Juana la Beltraneja, supuesta hija de Enrique IV —monarca castellano hermano de Isabel y favorecedor de un enlace con las coronas portuguesa o francesa, muerto en 1474—, se prolongó entre 1464 y 1480. Una vez entronizados —Fernando sucedió a su padre Juan II en 1479—, ambos monarcas desempeñaron sus funciones de gobierno desde la asunción de la prioridad de los asuntos castellanos, más por una cuestión de dimensiones geográficas y sociales que por convicciones políticas, aunque a esta situación ayudó que las leyes e instituciones castellanas no obstaculizaran tanto la acción regia, como sucedía en la corona aragonesa. La unidad personal de las coronas permitió mantener la identidad, las leyes y las monedas de cada reino. Los sistemas jurídicos y de representación en las Cortes eran distintos, los territorios vascos y Navarra disponían de su propio sistema administrativo y las barreras aduaneras certificaban esta división. De hecho, la anexión política de Navarra no se logró hasta 1512.

La autoridad de los monarcas fue contestada en parte por la nobleza castellana, cuyo poder radicaba en la posesión de tierras y el desempeño de cargos políticos. Los poderes municipales apoyaron habitualmente a la monarquía durante la guerra civil y la reina Isabel creó la Santa Hermandad de Castilla en las Cortes de Madrigal de 1476. Esta institución estaba compuesta por fuerzas policiales o milicias concejiles que habían de sufragarse por nobles y clérigos, y tenía como objetivo aminorar el poder de los señores. También se destruyeron fortalezas, se suprimió el cargo del adelantado que gobernaba las fronteras, se sustituyeron los cargos cortesanos ocupados de forma honorífica por nobles por una pléyade de letrados y juristas, y se ampliaron las tierras de realengo. La incorporación de las órdenes militares a la jurisdicción real y el reforzamiento de los tribunales reales de justicia (Audiencia) contribuyeron a la edificación de un Estado autoritario y burocratizado en todas sus facetas.

La Inquisición en 1478 fue otro de los instrumentos políticos destinados a lograr la uniformidad religiosa; perseguía el objetivo de localizar judaizantes entre los falsos conversos a la fe cristiana, y supuso una

El Consejo de la Suprema y General Inquisición fue creado por los Reyes Católicos en 1478 y ratificado por la bula papal de Sixto IV con el fin de perseguir a las personas judaizantes, es decir, que se habían convertido al cristianismo en apariencia pero seguían las prácticas y costumbres religiosas judías. El primer inquisidor general de Castilla y Aragón fue el dominico Tomás de Torquemada, confesor de la reina Isabel.

herramienta del poder regio, muestra perversa y absurda de la intolerancia y la desconfianza hacia la comunidad judía, de gran calado intelectual y económico, expulsada de los territorios castellanos y aragoneses con el edicto del 31 de marzo de 1492. La Inquisición española funcionó como el resto de Consejos y tenía la misión principal de erradicar la herejía. Los Reyes Católicos la utilizaron como resorte político para lograr la unidad religiosa al perseguir con celo a los judíos que se habían convertido de forma masiva. El papa Sixto IV dudó antes de conceder la autorización papal para nombrar inquisidores con una jurisdicción plena que evitaba la injerencia de Roma. Entre 1478 y 1530 se produjo una gran represión: hubo más de sesenta mil procesados y cinco mil reos condenados a la hoguera en autos de fe. Otras penas impuestas por la Santa Inquisición fueron la abjuración pública, el destierro, la prisión, las galeras, la flagelación, la vergüenza pública, la confiscación de bienes, las multas, la imposición de sambenito y coroza, la incapacitación de ejercer cargos y sanciones penitenciales.

Una vez desatado el terror por las actuaciones de la Inquisición, a pesar de las protestas de los conversos ante la monarquía y las autoridades locales, especialmente en Sevilla, la maquinaria del tribunal hizo caso omiso a las propias llamadas del pontífice Sixto IV, que se arrepintió de haber concedido el control total de la institución a la corona española. El inquisidor general era nombrado por la corona y la Suprema estaba formada por seis miembros extraídos de la orden de los dominicos y del Consejo de Castilla. El resto de inquisidores eran personajes destacados del clero secular y licenciados universitarios que hacían carrera en la administración. Sus funciones eran «inquirir e proceder contra los infieles e malos cristianos e herejes, e contra cualesquier personas que falláredes estar maculadas de los dichos crímenes de infidelidad e herejía e apostasía en todos nuestros reynos e señoríos e ciudades» (nombramiento de los dominicos Miguel de Morillo y Juan de San Martín como inquisidores, Medina del Campo, 27 de septiembre de 1480).

El edificio de España como Estado-nación tuvo, pues, en la época de los Reyes Católicos, sus primeros cimientos dentro de la singularidad demográfica, social y económica de cada territorio. Es el final de un orden político basado en las relaciones feudales donde la monarquía debió adaptarse a los grandes cambios de las

Víctor Manzano y Mejorada, *Los Reyes Católicos en el acto de administrar justicia* (1860). Palacio Real de Madrid. Los Reyes Católicos construyeron entre 1476 y 1497 las bases del Estado moderno en Castilla y Aragón, pero su consistencia resultó frágil hasta 1522. La monarquía de Fernando e Isabel no solidificó aún un absolutismo monolítico y centralizado, las reformas interiores (administración, ejército, Iglesia) perdieron su ímpetu inicial, la nobleza recuperó parte de su protagonismo político y el apoyo de las ciudades se mitigó. No obstante, las condiciones mínimas de unidad permitieron edificar un sistema político estatal antes que el resto de territorios europeos.

realidades productivas —es el inicio de la era del capitalismo y el comercio internacional— propiciados por el descubrimiento del continente americano. Pese a ello, en la administración territorial persistieron prácticas distintas en cada reino. En Castilla se realizó una tarea legislativa que emanaba del poderío real absoluto del monarca, a diferencia de Aragón, donde las Cortes asentían la iniciativa legislativa del monarca. En la organización de la casa regia y sus oficios, en el régimen tributario y en los recursos militares también se observan diferentes situaciones. El poder real en Castilla era más unitario y podía subordinar a los estamentos sociales; en Aragón, había una tradición pactista entre rey y reino, por lo que la intervención regia estaba bastante más controlada.

El profesor Ladero Quesada ha destacado las novedades producidas en el ámbito de las relaciones exteriores comunes para Castilla y Aragón en este período. La conquista de Granada, la alianza dinástica con Portugal y el equilibrio en Navarra respondían a un objetivo de influencia peninsular, aunque cobraron cada vez más protagonismo los asuntos italianos. La idea moderna de equilibrio de poder dominaría el escenario diplomático en Europa durante mucho tiempo. La política de alianzas matrimoniales con Francia, Inglaterra y Borgoña conllevó una carga excesiva para los habitantes de ambos reinos peninsulares. Ya desde 1495, y ahondado tras la regencia de Fernando, el objetivo principal pareció unificarse en el engrandecimiento de los reinos españoles junto a Sicilia y Cerdeña, el mantenimiento de los derechos de la corona aragonesa en Italia y la vigilancia de una posible intervención en el Mediterráneo contra el adversario infiel, el Imperio otomano.

Esbozo de la locura de una madre

Las políticas matrimoniales de la época se explicaban por razones de Estado, ya que eran frecuentes las alianzas políticas entre territorios afines para aislar a un posible enemigo común, Francia. Los franceses ejercían presión hacia la corona aragonesa, en especial con sus posesiones en territorio italiano. Desde 1475 Fernando buscó aliados en Inglaterra, Países Bajos y el Sacro Imperio Romano Germánico para lograr su objetivo. El matrimonio de Juana con Felipe el Hermoso, hijo del emperador alemán Maximiliano y María de Borgoña, en 1496, es un ejemplo paradigmático de esta política matrimonial antifrancesa.

Carlos fue un niño marcado por la orfandad; a los seis años murió su padre y la endeble salud de su madre no le permitió encargarse de sus hijos. En octubre de 1501 Felipe y Juana dejaron la corte de Bruselas, donde quedaron Leonor, de tres años, Carlos, de dieciocho meses, e Isabel, de tres meses; el padre regresó en diciembre de 1502, pero Juana no lo hizo hasta la primavera de 1504. A la muerte de la reina Isabel de Castilla, en noviembre de 1504, Juana volvió a viajar a Castilla para entronizarse. Fernando asumió la regencia hasta la entronización de su hija Juana y Felipe de Habsburgo. El testamento de Isabel excluía a Fernando de Aragón del Gobierno castellano, pero, en cambio, le otorgaba la capacidad de administrar el reino en caso de ausencia o incapacidad de Juana hasta la mayoría de edad de Carlos. En 1506 Fernando se volvió a casar con Germana de Foix, una princesa de dieciocho años, para velar por los intereses de Aragón, aunque no tuvieron descendencia. Este hecho no gustó a los castellanos, que aceleraron la proclamación de Felipe el Hermoso como rey en Burgos. Solo dos

Lorenzo Vallés, *Demencia de doña Juana de Castilla* (1866). Museo del Prado, Madrid. La custodia permanente del cadáver del rey Felipe el Hermoso le valió a doña Juana de Castilla el sobrenombre de la «Loca» por su desvarío mental. La atracción hacia su marido Felipe y su obsesión por las continuas infidelidades de este pudieron alterar psicológicamente a Juana. La muerte en 1506 del rey Felipe acentuó en ella su melancolía sempiterna. Cumpliendo la voluntad de su marido, envió su corazón a Bruselas y trasladó su cadáver embalsamado a Granada en un recorrido de ocho meses, viajando solo de noche.

meses después, en septiembre de 1506, moría víctima de una neumonía.

¿Cómo era el ambiente cortesano en el contexto de la enfermedad de doña Juana? El profesor Fernández Álvarez, uno de los mayores especialistas en la vida y la época de Carlos V, describe lo que podía ser una depresión juvenil en doña Juana en el umbral del reinado de su hijo: su desarraigo a los dieciséis años para casarse con un príncipe al que no había visto jamás y el muro del idioma la recluyeron en un aislamiento creciente en la brumosa Flandes. Los recurrentes arranques de celos hacia su marido configuraban la efigie de Juana la Desventurada. Juana pasó de infanta de Castilla a princesa de Asturias por las sucesivas muertes de sus hermanos, el príncipe Juan e Isabel, la primogénita de los Reyes Católicos, y don Miguel, su sobrino, que hubiera aunado en lícita ucronía los reinos de Portugal, Castilla y Aragón. El fallecimiento de Isabel en 1504 la convirtió en reina de Castilla, aunque el óbito de Felipe el Hermoso la hizo caer en un permanente desvarío y una taciturna soledad, por lo que fue recluida por el rey Fernando en Tordesillas desde 1509, merced a su enajenación mental.

En 1504, tras la muerte de Isabel, el eclesiástico Francisco Jiménez de Cisneros, confesor de la reina y arzobispo de Toledo, ocupó la regencia, se convirtió en defensor de Fernando el Católico e impidió el ascenso al trono de Felipe el Hermoso. Fue también el principal impulsor del acuerdo al que ambos llegaron en septiembre de 1505. Después, el gobierno de Fernando de Aragón en el territorio castellano entre 1507 y 1516 siguió marcando la línea de expansión atlántica de Castilla y la de la conquista norteafricana de Aragón. Cuando Fernando volvió de Italia, Cisneros fue recompensado con el título de cardenal que era concedido por el papa y con el cargo de inquisidor general. Fernando le asignó una segunda regencia del reino a su muerte, en enero de 1516. Un año después murió en Roa (Burgos), camino de Valladolid, adonde se dirigía para encontrarse con el futuro monarca Carlos V.

El cardenal Cisneros presidió la Junta de Regencia a la muerte de la reina Isabel, cargo desde el cual organizó varias expediciones militares en el norte de África, impulsó la creación de la Universidad de Alcalá (1507)

Retrato del arzobispo Francisco Jiménez de Cisneros, copia del siglo XIX del cuadro original pintado por Juan de Borgoña, conservado en la sala capitular de la catedral de Toledo.

con una renovación de los estudios y editó la Biblia Políglota Complutense (1514-1517).

La muerte de don Fernando en 1516 encumbró definitivamente en el trono regio a doña Juana, presa de una gran tristeza desde que enviudó; en 1516, Carlos era conde de Flandes y siguió el parecer de su consejero y preceptor Guillermo de Croy, señor de Chièvres, para titularse rey sin sustituir a su madre y reinar conjuntamente. Juana fue una víctima de su marido, Felipe el Hermoso, de su padre y de su hijo Carlos, ya cuando preparaba su relevo en 1555 antes de fallecer. Nunca ejerció como *Hispaniarum atque Indiarum Regina* y Carlos podía haberse limitado a ser conde de Flandes sin vinculación con los reinos de España ni con los territorios de Italia.

El golpe de Estado urdido por el señor de Chièvres ante el vacío de poder existente en 1516 supuso a Carlos erigirse en rey de las Españas junto a su madre, desdeñando el ofrecimiento —de menor categoría— de gobernador de las Españas. Aunque mantuvo recluida a doña Juana, no la apartó jurídicamente para intitularse rey junto a ella, fórmula que alarmó a Cisneros. Carlos acudió a Tordesillas acompañado de su hermana Leonor y del señor de Chièvres a entrevistarse con doña Juana el 4 de noviembre de 1517: «Pero ¿sois mis hijos?», exclamó después de tantos años sin ver a Carlos. Según los testimonios de las crónicas, doña Juana accedió de buena gana a descansar de las labores de Estado y quedar relegada por su hijo.

Las posteriores relaciones entre Carlos y doña Juana fueron desiguales. Carlos mantuvo el *statu quo* del cautiverio y la visitó en Tordesillas hasta en trece ocasiones, por lo que no cabe achacarle olvido hacia su progenitora. De hecho, el césar quiso en 1536 pasar las Navidades con su madre y sus hijas.

Infancia y educación en la corte flamenca de Felipe I

Carlos nació a las tres de la madrugada del 24 de febrero de 1500 en la Casa del Príncipe, en Gante, territorio de los Países Bajos, donde su padre Felipe gobernaba como primogénito del emperador Maximiliano. Antes de cumplir un año de edad, su progenitor le armó caballero de la Orden del Toisón de Oro y le cedió el ducado de Luxemburgo. La Orden del Toisón de Oro ensalzaba las cualidades del honor y la defensa de la fe católica. Le llamaron Carlos en homenaje a su abuelo Carlos el Temerario, duque de Borgoña, que murió en 1477.

La educación de Carlos se llevó a cabo en Malinas bajo el auspicio de Margarita de Austria, hermana de Felipe el Hermoso. Culta, inteligente y afectuosa con sus sobrinos, para Carlos fue «*madame, ma bonne tante*», 'mi buena tía y señora'. Una educación mezcla de caballería, piedad y atención dinástica. Un autor anónimo describía la situación de la corte tras la partida de Felipe el Hermoso a España:

> Que el señor duque Carlos, príncipe de Castilla, su hijo, y también tres de sus sirvientes se quedaron en la ciudad de Malinas hasta su regreso o que ordenó igualmente, y aquí, por los señores y príncipe de Chimay, de Fresnoy, de Beersel, caballeros de la orden del Toisón, y en la compañía de numerosos caballeros, gentilhombres, damas y señoritas, harán mantener pulcramente de sus personas y también educarlo en todas las buenas morales y ciencias, cada uno a su caso, con gran honor y alabanza de aquellos que habían recibido el encargo, y especialmente el señor duque Carlos es propenso a las virtudes de tal manera que confía a un príncipe y rey de su autoridad: porque a su edad de siete años, él quiere aprender y escuchar

Albrecht de Vriendt, *Felipe el Hermoso imponiendo el título de caballero de la Orden del Toisón de Oro a su hijo Carlos de Luxemburgo* (1880). Museo de Brooklyn, Nueva York. La Orden del Toisón de Oro fue fundada por el duque de Borgoña en 1430 en Brujas para defender el catolicismo y fortalecer los lazos de hermandad entre sus caballeros. Remite al mito griego de Jasón en busca del vellocino (o toisón) de oro, la piel de un carnero de oro que colgaba de un árbol de la Cólquide y era custodiada por una serpiente. Jasón debía obtenerlo para ser rey y hubo de solventar diversas pruebas impuestas por el rey de la Cólquide antes de ser ayudado por la bruja Medea a dominar la serpiente. El carnero era el animal simbólico de la ciudad de Brujas.

> cartas en latín, a jugar con todos los instrumentos y las luchas atacantes y defensivas tanto como lo pueden saber los grandes príncipes o un pobre gentilhombre.

Durante la ausencia de Felipe y aún tras su muerte, Carlos de Croy, príncipe de Chimay, era el chambelán de la pequeña corte de Malinas, es decir, el principal noble que servía y atendía al pequeño Carlos. El humanista Luis Núñez Cabeza de Vaca se encargó de su educación, aunque Juan de Anchieta, sacerdote guipuzcoano, fue su primer maestro y le enseñó a leer y escribir. Carlos mostró buenas dotes y afición al estudio de los idiomas, las matemáticas, la geografía y la historia. Sus educadores también estimularon el ejercicio activo del joven príncipe Carlos, indispensable para un personaje de rango cortesano y militar. De carácter reservado ante personas extrañas, Carlos desarrolló una educación proclive al estudio de las humanidades, además de desarrollar desde muy temprana edad ejercicios caballerescos de armas —sobresalía especialmente en el manejo de la ballesta— y practicar la cetrería, la equitación y la caza.

Además de algunas damas ocupadas en sus vestimentas y alimentación, en la corte de Malinas Carlos era cuidado por su confesor Jean de Lampier y su mayordomo Charles de Lattre. En abril de 1509 al príncipe de Chimay lo sustituyó el borgoñón Guillermo de Croy, señor de Chièvres, que asumió la enseñanza de las cuestiones gubernamentales. Este había sido albacea del testamento de Felipe el Hermoso antes de partir a tierras castellanas, y era desde 1504 jefe de la administración financiera de Borgoña y desde diciembre de 1505 lugarteniente general de los Países Bajos y Borgoña. Junto al señor de Chièvres, Carlos perfiló un carácter firme y adusto, rasgo que le acompañó toda su vida, si bien durante los primeros años de gobierno en Flandes su

Albert de Vriendt, *Homenaje a Carlos V niño* (1886). Musées Royaux des Beaux-Arts, Bruselas. Carlos de Gante, nacido el 24 de febrero de 1500, tenía un futuro dinástico envidiable.

Su abuelo Maximiliano I era rey del Sacro Imperio Romano Germánico, su padre era el archiduque Felipe, duque de Borgoña por parte de su madre, y su madre era Juana, tercera hija de los reyes Fernando de Aragón e Isabel de Castilla. Al heredar la corona española, su madre —por la muerte de su primo— y más adelante él mismo se convirtieron en el centro de todas las miradas de las casas europeas.

Bernard van Orley, *Carlos V* (1516). Museo de Brou, Bourg-en-Bresse. Las crónicas y los relatos muestran a un joven Carlos comedido e inseguro por la conciencia de la enorme empresa política que debía dirigir. Su mandíbula inferior era desmesuradamente grande y las adherencias en las vías respiratorias le obligaban a mantener la boca abierta con frecuencia, algo de lo que él mismo se burlaba.

ayo, el señor de Chièvres, fue el verdadero dirigente en la sombra, un auténtico precedente de los validos en los que se apoyaron los Austrias menores.

La llegada a la Península: ¿indiferencia o temor?

La llegada de un adolescente Carlos a Castilla el 18 de septiembre de 1517, coincidiendo con la muerte del cardenal Cisneros, despertó recelos al tratarse de un monarca extranjero rodeado además de su cohorte borgoñona. Cuarenta naves atracaron en el puerto de Tazones, del concejo asturiano de Villaviciosa, donde sus habitantes subieron a las colinas ataviados con palos y cuchillos y solo regresaron cuando se cercioraron de que el recién llegado era su rey y no un enemigo.

Los tres primeros años en España transformaron la visión de Carlos al ir emancipándose del pragmatismo de Chièvres y al mostrarse ante la alta nobleza, la Iglesia y los representantes de las ciudades en las Cortes. Varios episodios durante su primera estancia en España corroboran el desencuentro entre rey y reino: las Cortes de Valladolid de 1518, las protestas toledanas de 1519 y las Cortes de Santiago de 1520.

Los representantes del reino se reunieron en el convento de San Pablo, en la ciudad de Valladolid, el 2 de febrero de 1518. El procurador de Burgos, el doctor Juan Zumel, alzó la voz y protestó por la intromisión de los extranjeros en los principales cargos administrativos. Carlos juró guardar los fueros y libertades de Castilla en la sesión del 5 de febrero y, dos días más tarde, fue jurado como rey de Castilla y de León. Aconsejado por Guillermo de Croy, Carlos se olvidó pronto de sus promesas y los castellanos vieron atropellados sus fueros e ignoradas sus peticiones. El séquito de nobles borgoñones dilapidaba las arcas castellanas en una corte despilfarradora. En la Corona de Aragón juró, sucesivamente, las libertades aragonesas en Zaragoza y los privilegios de la ciudad de Barcelona y el principado catalán ante sus respectivas Cortes.

Carlos estuvo en Barcelona casi un año y allí llegó, en marzo de 1519, la noticia de la muerte de Maximiliano, acaecida el 11 de enero. La elección del nuevo rey —y emperador alemán— era una cuestión política de máximo interés. Ante la posibilidad de heredar los territorios de los Habsburgo, Carlos lo interpretó como designio de la Providencia: el imperio era *Sacrum Imperium Romanum* y su tratamiento sería el de *Sacra Cesarea Maiestas*. El otro candidato, Francisco I de Francia, pretendía liberar a la cristiandad de la tiranía de los Habsburgo, pero perdió la lucha electoral.

El monarca debía acudir al territorio imperial si quería asegurarse los votos de la elección, por lo que se iniciaron los preparativos para su partida. La nobleza castellana lo interpretó como un nuevo agravio que reavivó las protestas, especialmente de las ciudades. El concejo de Toledo dirigió el 7 de noviembre de 1519 una carta a otras ciudades buscando una presión común para que el monarca no abandonara España, no se concedieran más cargos públicos a extranjeros ni se sacasen más fondos de la Hacienda Real. Otras peticiones eran que el rey hablara castellano y diera audiencia dos días a la semana. En Valladolid el monarca se encontró con una ciudad a punto de alzarse en armas.

Un tercer enfrentamiento se llevó a cabo durante la reunión de las Cortes en Santiago de Compostela. En la sesión inicial de las Cortes castellanas celebradas en Santiago el 31 de marzo de 1520, presididas por don

Pedro Ruiz de la Mota, obispo de Badajoz, se produjo el primer discurso público de Carlos I en español:

> Todo lo quel obispo de Badajoz os ha dicho, os lo ha dicho por mi mandado, y no quiero repetir sino solas tres cosas: la primera, que me desplace de la partida, como habéis oído, pero no puedo hacer otra cosa por lo que conviene a mi onrra y al bien de mis Reynos; lo segundo, que os prometo por mi fee e palabra Real dentro de tres años primeros siguientes, contados desde el día que partiere, y antes si antes pudiere, de tornar a estos Reynos; lo tercero, que por vuestro contentamiento soy contento de os prometer por mi fee y palabra Real de no dar oficio en estos Reynos a personas que no sean naturales dellos, y así lo juro e prometo.

Es un texto en el que se vindica la existencia de España como nación, llevando su origen a la España romana, en clave de la doctrina bajomedieval política que menciona una concepción organicista del reino como un cuerpo cuya cabeza es el rey.

Los procuradores de las ciudades con representación en las Cortes continuaron las discusiones. El monarca, para aminorar su resistencia, ordenó el 4 de abril que las Cortes se trasladasen a La Coruña, donde estaba preparada la flota de barcos que aguardaba a Carlos I para escoltarlo hasta Flandes. La primera impresión del pueblo español, al partir Carlos en mayo de 1520 hacia su coronación imperial, fue un sentimiento de agravio. El nombramiento de advenedizos extranjeros para desempeñar los principales cargos políticos y eclesiásticos, especialmente la figura de Chièvres y su desprecio hacia los españoles, la presión fiscal, las cantidades de dinero que huían fuera de la Península y el nombramiento de Adriano de Utrecht como regente soliviantaron a la población. La idea imperial en la que el protagonismo español en los cargos de confianza del gobierno del reino era secundario hizo ver a la pequeña nobleza y a las ciudades que sus intereses quedaban amenazados.

El pueblo en armas: las Comunidades

La revuelta de los comuneros no atiende solo a explicaciones políticas como las protestas de las ciudades contra la imposición a una corte y un rey extranjeros. También registra una situación de conflicto económico en el pujante sector de la industria textil, estancada e incapaz de competir con la producción extranjera. La exportación de materias primas a los países europeos imposibilitó el desarrollo interior de la misma. En la chispa del estallido del conflicto se arguye el choque de ciudades manufactureras contra las que se beneficiaban de la exportación lanera. Toda esta situación se contextualiza en la rivalidad secular entre las ciudades, apoyo habitual de la monarquía en las centurias bajomedievales, y la nobleza, privilegiada y aupada a los cargos de la administración.

Las Comunidades también se explican por el enfrentamiento entre grupos intermedios de la sociedad y los señores terratenientes. La baja nobleza favorecida por los Reyes Católicos desempeñaba cargos en la corte, en las filas militares y los gobiernos urbanos. No obstante, algunos hidalgos o letrados, aspirantes a la nobleza, se vieron rechazados y apoyaron el levantamiento. Durante la regencia del rey de Aragón hubo cierto equilibrio económico, pero la protesta de los lugares centrales de Castilla contra la periferia no tardó en estallar.

Manuel Pícolo López, *La batalla de Villalar* (1887). Palacio del Marqués de Santillana, Madrid. El ejército comunero, comandado por Padilla, en busca de refuerzos para las tropas y provisiones, fue asediado en la localidad de Villalar, donde, a pesar de desplegar los cañones y la artillería por el pueblo, apenas pudieron resistir al ejército realista.

Toledo expulsó a su corregidor y constituyó una Comunidad antes de la partida del emperador hacia su coronación imperial. Después, las demás ciudades de Castilla la Vieja repitieron la iniciativa con revueltas espontáneas, aunque en algunas hubo apoyo del patriciado urbano. En septiembre, el movimiento reformista liderado por una junta intentaba imponer condiciones, como un mayor protagonismo de las Cortes que simbolizara que el pueblo se anteponía políticamente a su rey. Las ciudades con derecho de voto en las Cortes solicitaban que se estudiaran sus quejas antes de acceder al pago de impuestos. Burgos y

Antonio Gisbert, *Ejecución de los comuneros de Castilla* (1860). Palacio de las Cortes, Madrid. Este cuadro se ha interpretado como una alegoría de las libertades del pueblo frente al absolutismo político, aunque las Comunidades se consideran un epílogo de los conflictos de impronta medieval. En la imagen se aprecian tres secuencias de la ejecución: la subida al cadalso por parte de Maldonado, acompañado de un fraile; la resignación de Padilla, previa a la ejecución, y la decapitación de Bravo.

Valladolid abandonaron el movimiento comunero al ser presionadas por la monarquía y la nobleza. Las tropas realistas y los magnates tomaron Tordesillas, corazón de la junta comunera, el 5 de diciembre de 1520. Unos meses más tarde, el 24 de abril de 1521, fueron derrotados en Villalar los comuneros y ajusticiados los representantes de tres de las ciudades más significativas: Juan de Padilla (Toledo), Juan Bravo (Segovia) y Pedro Maldonado (Salamanca).

La composición social del movimiento había enfrentado a los grupos populares —sobre todo artesanos, comerciantes y pequeños propietarios— con las oligarquías urbanas. La alta nobleza había actuado en defensa del orden monárquico, pese a que no había admiración alguna hacia Carlos I. Las Comunidades encontraron el eco revolucionario de sus dirigentes entre los grupos medios de las poblaciones urbanas, incluidos comerciantes y artesanos. Así ocurrió en las principales ciudades del interior castellano: Zamora, Salamanca, Segovia, Ávila, Toledo, Madrid, etcétera. La vertiente social del levantamiento explica la actitud de los grandes señores de mantener sus derechos y privilegios frente a los vasallos de asentamientos rurales que apoyaron la causa comunera. Entre las consecuencias económicas, se desatendieron las reivindicaciones de ciudades con intereses pañeros (Segovia, Palencia, Cuenca) y se favoreció a los comerciantes, ganaderos, propietarios de pastos y mercaderes extranjeros. El resultado final de las Comunidades, por tanto, había sido un triunfo de la nobleza sobre la población de las ciudades, pero sobre todo de la Corona. Juan Ginés de Sepúlveda, capellán y cronista del emperador, entiende las Comunidades como un hecho político y social, pero no enjuicia ni condena el protagonismo de los sublevados.

María Pacheco y la defensa de Toledo

La mujer de Juan Padilla, María Pacheco, continuó la lucha de la ciudad de Toledo aun después de tener noticia de la batalla de Villalar. Llegó a asaltar la catedral y a apoderarse de sus tesoros para pagar a sus tropas. Encerrada en el alcázar toledano, rechazó la mediación de su tío el marqués de Villena y del duque de Maqueda. En la defensa de la ciudad mostró dotes de mando y se mostró cruel en unas ocasiones y piadosa en otras. Finalmente, ante el empuje de los sitiadores comandados por el prior Zúñiga, el 23 de octubre de 1521 acordó una honrosa rendición que rehabilitaría su fama. María huyó a la corte del rey portugués Juan III, a pesar de la buena relación que este tenía con Carlos I, quien no le concedió el perdón:

> En Toledo cuentan de doña María Pacheco, mujer de Juan de Padilla, hija del conde de Tendilla, que era de tan terrible y atrevido corazón, que ella sustentaba la Comunidad de aquel pueblo; y si hemos de creer lo que dice fray Antonio de Guevara en una carta que la escribe, es que se decía de ella que entró en el sagrario de Toledo a tomar la plata que allí había para pagar la gente de guerra, y que fue de rodillas, levantadas las manos, cubierta de luto, hiriendo los pechos, llorando y sollozando y delante de ella dos hachas ardiendo. Que esta señora se deslumbró terriblemente creyendo con los embustes de una mora hechicera que hallaba por sus conjuros y malos juicios que su marido había de ser rey o cerca de ello.
>
> Harto le dice el fraile en esta epístola: «No la afrentemos más, pues ella y su marido pagaron su pecado; él con muerte y ella con harta desventura y destierro en que acabó la vida huida del reino y pobre, siendo de los mejores de España».
>
> «Hase de perder por fuerza la mujer que se pone en más que su natural alcanza, que es, dejando la rueca, tomar las armas».
>
> Fray Prudencio de Sandoval, *Historia de la vida y hechos del emperador Carlos V*

Antes de la llegada de Carlos I a la Península, los virreyes habían perdonado a algunas ciudades que participaron en el levantamiento. El emperador debía proclamar una amnistía general de la que quedaban excluidos algunos cabecillas de la insurrección. El Día de Todos los Santos de 1522 se promulgó el perdón en una ceremonia con gran boato en la plaza principal de Valladolid. El emperador se situó sobre un estrado frente al convento de los franciscanos, rodeado de los altos dignatarios, entre los que se contaban el duque de Béjar, justicia mayor de Castilla, y el arzobispo de Granada, presidente del Consejo Real.

El secretario imperial Cobos, que había elaborado el documento, realizó su efectista lectura. Su contenido impreso había sido difundido a todas las ciudades del reino de forma simultánea. En él se resumía la gravedad de los acontecimientos acaecidos entre el 1 de junio de 1520 y el 24 de abril de 1521. Los falsos rumores de que el emperador, al partir de España, pretendía elevar desorbitadamente los impuestos a sus súbditos llevaron a la constitución de Juntas que expulsaron a los funcionarios reales de las ciudades. Un ejército rebelde apresó a los integrantes del Consejo Real y se apoderó de Tordesillas, sede de la reina Juana.

Mas Carlos I se opuso a aplicar duros castigos y rechazó las sanciones colectivas que algunos colaboradores del Gobierno le recomendaron: por ejemplo, la eliminación del derecho de representación de Zamora en las Cortes, la supresión de las ferias de Medina del Campo o el traslado de la Chancillería de Valladolid a otro lugar. Lejos de escarmentar a estas poblaciones, el Habsburgo supo mostrarse magnánimo y ofrecer el perdón regio a todas ellas, «exçeptando en cada ciudad algunos más principales del mal pasado, que quedasen a merced del rey».

¿Concedió tras Villalar el emperador a la aristocracia lo que negó a las Comunidades, esto es, la participación en las decisiones políticas? Carlos I no concedió el poder que reclamaban los nobles a pesar del apoyo que le brindaron y Castilla quedó expuesta al absolutismo político imperante en la cartografía europea del poder. Los gobiernos municipales apenas tuvieron independencia en sus decisiones con la intromisión institucional de los corregidores, delegados regios que controlaban todos los aspectos de la gestión local de las ciudades y cuya actuación judicial se utilizó como herramienta política coercitiva, pese a las protestas de la población urbana por su falta de formación jurista universitaria.

Más exigencias: las Germanías

Las Germanías eran hermandades cristianas armadas creadas por los gremios de algunas ciudades del reino de Valencia con el fin de protegerse contra los piratas berberiscos. Los levantamientos de las Germanías de Valencia y Mallorca fueron revueltas espontáneas con peticiones concretas desde 1519. El movimiento valenciano comenzó como protesta contra la oligarquía y la aristocracia local y después se tornó en violencia contra los musulmanes. En la revuelta participaron artesanos, campesinos y algunos representantes de los grupos medios, que tenían en común la pobreza, los abusos señoriales y el odio hacia los moriscos.

En los primeros momentos, los agermanados trataron de ganarse el favor del monarca, para lo cual enviaron diversas embajadas a la corte. Carlos I pretendía que los estamentos del reino aceptaran su juramento de los fueros mediante un representante, pero los nobles

José Benlliure Gil, *Adriano de Utrecht recibiendo a los líderes de las Germanías en el palacio de los Vilaragut* (1872). Museu d'Història de València. El 26 de febrero de 1520 los gremios valencianos desfilaron por la ciudad con un gran despliegue de armas y banderas ante el cardenal Adriano de Utrecht, representante del emperador. Al día siguiente, los líderes agermanados acudieron al palacio de los Vilaragut a besarle las manos por la honra que les había dispensado.

y eclesiásticos exigían la presencia del monarca en Valencia. Esta ausencia regia, que retrasaba una y otra vez la reunión de las Cortes, alentó el enfrentamiento armado de las Germanías por el desorden en los oficios y en la administración de justicia, los abusos de la nobleza y el control oligárquico de los cargos públicos. En ese contexto, algunos integrantes de los gremios debían defender un ataque de piratas turcos. Uno de sus líderes, Joan Llorenç, solicitó la constitución de una república similar a la de las ciudades italianas. Con el control de Valencia, la violencia se extendió al resto del territorio frente al virrey, Diego Hurtado de Mendoza, y la nobleza.

Las Germanías obligaron a bautismos masivos de musulmanes, realizaron la supresión de impuestos e interfirieron en la distribución de la tierra. Las fuerzas realistas restituyeron la situación en octubre de 1521 y ochocientos agermanados fueron condenados con multas y confiscaciones, en especial los de Valencia y Játiva. Pudieron morir durante la revuelta unas doce mil personas, balance al que se deben añadir las pérdidas económicas y una situación política negativa para la población valenciana. En 1524 se apaciguaron los rescoldos de resistencia con la concesión del perdón general de Germana de Foix, que ocupaba el cargo de virreina.

Como concluye John Lynch, la Germanía valenciana, aunque pudo enfrentarse a la monarquía, había comenzado como protesta frente a la aristocracia terrateniente y contra sus arrendatarios moriscos. Su base social estuvo constituida por grupos medios: artesanos y comerciantes agrupados en los gremios, bajo clero y pequeños campesinos. Fue un movimiento que intentó oponerse a las estructuras políticas y económicas existentes, por lo que su reducción por la monarquía, apoyada por la aristocracia y el alto clero, reflejó un triunfo más del autoritarismo monárquico.

La Germanía valenciana espoleó a la de Mallorca, casi idéntica en sus objetivos. Joan Crespí, mayordomo del gremio de pelaires, lideró la revuelta como *instador* del beneficio común frente a los caballeros, los clérigos y la burguesía. Constituida la Junta de los Trece, la Germanía se extendió por el ámbito rural, donde los payeses sufrían las opresiones señoriales. En última instancia, los agermanados mallorquines intentaron recibir ayuda de Francisco I, rey de Francia, a través del almirante genovés Andrea Doria. Este alcanzó la bahía de Palma en julio de 1522, pero las fuerzas reales evitaron el peligro. No obstante, a pesar de la presencia del virrey Miguel de Gurrea nutrido de un ejército, la Germanía continuó su hostilidad y las villas hubieron de tomarse una por una. El asedio de Palma comenzó el 1 de diciembre y solo el hambre y la peste la derrotaron en marzo de 1523.

2

La dimensión imperial de Carlos V

Aspiraciones al palio imperial

Carlos recibió la noticia de la muerte del emperador Maximiliano, su abuelo, mientras asistía a las Cortes catalanas, en Barcelona, el 12 de enero de 1519. La elección del próximo máximo dirigente del Sacro Imperio Romano Germánico recaía en siete personas. Aunque su poder efectivo era relativo, el prestigio del título de emperador estaba fuera de toda duda. Tres de los electores eran eclesiásticos: los arzobispos de Maguncia, Tréveris y Colonia; los otros cuatro, magnates: el rey de Bohemia, el margrave de Brandeburgo, el conde del Palatinado y el duque de Sajonia.

Había tres candidatos. Carlos, aunque joven e inexperto, era nieto de Maximiliano. Francisco I de Francia era un estratega militar de prestigio. Enrique VIII, rey de Inglaterra, quedó en seguida descartado. La diplomacia y los recursos económicos de los candidatos influyeron en la elección. El papa León X apoyó al francés por temor a que Carlos que Carlos, que ya era rey de Nápoles, le hiciera sombra en la península itálica. Carlos se zafó primero de la preferencia de su tía Margarita de Saboya, que apostaba por Fernando como candidato de los Habsburgo, pero Carlos alegó su primogenitura. Recordó a los electores las promesas efectuadas a Maximiliano, junto al pago de elevadas cantidades que alcanzaron como montante final en regalos un millón de florines de oro, incluidos consejeros de príncipes y ciudades. Francisco I no pudo competir con los préstamos de los Fugger. La elección se resolvió a favor de Carlos el 28 de junio de 1519, con el apoyo decisivo del arzobispo de Tréveris.

Desde La Coruña Carlos I partió hacia Dover, adonde llegó el 26 de mayo de 1520. En Inglaterra se entrevistó con Enrique VIII, que estaba casado con su tía doña Catalina de Aragón. Tras una breve estancia en los Países Bajos, Carlos alcanzó Aquisgrán, ciudad en la que fue coronado rey de romanos como Carlos V.

La coronación imperial en Aquisgrán

Viniendo pues al caso, martes (que fue otro dia de su entrada) en Aquisgran á 23 de octubre del año 1520 á las seis de la mañana, los príncipes electores, y todos los demás vinieron á palacio á acompañar al emperador en la forma y manera que el día antes. El emperador salió vestido de ropa larga de brocado; y un collar muy rico al cuello. De la misma manera vinieron todos gallarda y riquísimamente vestidos.

Llevole la falda Federico, conde Palatino, y saliéronle á recibir en procesión los prelados. Tomáronlo en medio los dos arzobispos, el de Maguncia y el de Tréveris, vestidos de pontifical.

Llegando asi al altar mayor, el emperador se tendió á la larga en las gradas debajo de una rica y gran corona de oro, que como una lámpara está pendiente. Luego el arzobispo de Colonia, (de cuya diócesis es Aquisgran) despues que cantaron la antífona *Ecce ego mitto angelum meum, qui precedat te*. Que es: mira, yo te envio mi ángel que vaya delante de tí, que es lo que dijo Dios á su pueblo; dijo el verso *salvum fac regem nostrum Domine*. Que es: Salvad, Señor á nuestro rey. Dijo la oracion *Omnipotens sempiterne Deus qui genus humanum*, etc. Dicha esta oracion, los dos arzobispos de Maguncia y Tréveris levantaron al emperador y le pusieron junto al altar de Santa Maria, donde estaba puesto un muy rico sitial, y el emperador hizo oracion de rodillas. Comenzóse luego la misa, que dijo el arzobispo de Colonia (cuyo es el derecho de consagrar al emperador): los ministros fueron el de Maguncia y el de Tréveris. *Ecce advenit dominator Dominus et in manu ejus honor et imperium* etc. Mirad como viene el Señor que manda, en cuya mano está la honra y el imperio.

Dicha la epístola, los dos arzobispos quitaron al emperador la ropa larga, que era á manera de casulla, y luego tendiéndose á la larga en cruz en las gradas del altar mayor, cantaron sobre él la letania, y cuando llagaron al paso que dice: *Ut obsequium servitutis nostra tibi racionavile facias. Te rogamos audi nos*. Que es: suplicámoste Señor que te sea acepto el servicio de nuestra servidumbre. Levantóse en pie el arzobispo que decia la misa, y teniendo el báculo en la mano izquierda, dijo en alta voz: *Ut hune electum famulum tuum Carotum regere, bendicere, sublimare et consecrare digneris. Te rogamos audi nos.* Rogámoste que oigas á este tu escogido siervo Carlos le rijas, bendigas, enlaces y consagres. Ut eum ad legem et imperii fustigium fæliciter perducere digneris. Te rogamos audi nos. Que le lleves y guies hasta ponerlo en la cumbre del reino y grandeza de imperio felicísimamente. Te rogamos oyenos.

Hecha esta ceremonia, el emperador se levantó y el arzobispo le preguntó las cosas siguientes en voz alta, estando todos muy atentos.

Vis sanctam fidem catolicis viris traditam tenere et operibus servare? Quieres tener y guardar con obras la santa fe católica que se dió a los varones católicos?

Respondió el emperador: *Volo*. Quiero.

Vis ecclesiæ, ecclesiarûmque ministrisa fidelis ese tutor, et defensor? Quieres ser fiel defensor y amparador de los ministros de la Iglesia?

Respondió: *Volo*. Quiero.

Vis regnum á Deo concessum secundum justitiam, prædecessorum tuorum regere, et efficaciter defendere? Quieres defender el reino que Dios te ha dado, y regirlo segun la justicia de tus predecesores?

Respondió: *Volo*. Quiero.

Vis jura regni imperique, ac bona ejus dispersa injuste. conservare, et recuperare acfideliter in ufus regni, et imperii dispensare? Quieres conservar los derechos del reino é imperio, y recuperar los bienes que les fueren usurpados, y disponer fielmente de ellos, a favor y aumento del reino?

Respondió: *Volo*. Quiero.

Vis pauperum et divitum viduarum et orfanorum æquus esse iudes, et pius defensor? Quieres ser justo defensor y amparador de los pobres y de los ricos; y de las viudas y huérfanos?

Respondió: *Volo*. Quiero.

Vis santisimo Jesucriste, patri domino romano pontifici, et sanctæ romanæ ecclesiæ subjectionem debitam, et fidem reverenter exhibere? Quieres ser sujeto y obediente á Jesucristo, al romano pontífice y iglesia romana, y guardarle con toda reverencia la fe que se le debe?

Respondió: *Volo*. Quiero.

Acabadas las preguntas, los dos arzobispos de Colonia y Tréveris, lleváronlo al altar. El cual puso un dedo de la mano derecha y otro de la izquierda sobre el altar y dijo estas palabras en latin: *Hic volo, ut in quantum divino fultus adjutorio, et precibus fidelium christianorum adjutus valuero, omnia promissa fideliter adimplere. Sicme Deus ajuvet, et Sancti ejus.* Que es: Aqui quiero y prometo guardar y cumplir todo cuanto he prometido, aydándome Dios y las oraciones de los fieles cristianos y santos de Dios.

Esto hecho volviose el emperador á su silla. Y el arzobispo de Colonia que le consagraba, dijo en alta voz en latin vuelto al pueblo: *Vultis tati principi, ac rectori vos subücere, ipsiusque regnunfirmiter fide stabilire, ac jus sionibus illius obtemperare, juxta apostoli prexceptum, scilicet Omnis anima protestatibus sublimioribus subjecta est?* Quereis os sujetar á tal príncipe y gobernador, y fortificar fielmente su reino, guardar sus mandamientos segun lo que dice el apóstol, y es precepto suyo que toda criatura está sujeta á las potestades superiores?

Luego todos á grandes voces respondieron: *Fiat, fiat, fiat*. Sea. Sea, sea. Y porque el vulgo no entendia latin, dijo el arzobispo en aleman: «Quereis al rey don Cárlos, que está presente, por emperador y rey de romanos, y hacer lo que él os mandare?» Todos respondieron. «Si, si, si».

Despues de esto el arzobispo de Colonia dijo en voz cantando: *Domine Iesucrite qui regum omnia moderaris, becedic tua salubri beneditione hunc regem nostrum Carolum*. Que es: Señor Jesucrito, que todas las acciones y cosas de los reyes riges y gobiernas,

La coronación del emperador Carlos V en Aquisgrán, celebrada en octubre de 1520, recoge todo el ceremonial simbólico de la política del siglo xvi, entroncando con la misma coronación de Carlomagno celebrada el día de Navidad del año 800.

hecha tu saludable bendicion sobre este nuestro rey Cárlos.

Acabada esta oracion y bendicion, hincóse el emperador de rodillas y los dos arzobispos, el de Colonia y Tréveris descubriéronle las espaldas, (para lo cual iban ya las ropas partidas) y con oleo de catecúmenos le ungieron. Luego las junturas de los brazos junto á los hombros, y luego los pechos, y luego las manos, y en lo último de la cabeza. Y en cada parte que le untaba decia el arzobispo: *Ungo te regem oleo santificato, innomine Patris et Filii, et Spiritus Sancti.* Untote en rey con olio santificado en el nombre del Padre, del Hijo y del Espiritu Santo.

Todo el tiempo que duró esta uncion cantaban en el coro: *Unxerunt Salomonem Sadoc sacerdos et Natham in regem.* Ungieron por rey á Salomon el sacerdote Sadoc y Natham. Y á cada vez que acababan aquella antífona, decian todos: *Vivat, vivat rex in eternum*. Viva, viva el rey para siempre: que es lo que se dijo á Salomon cuando le coronaron por rey de Jerusalem.

Cuando llegaron á ungir las manos del emperador, dijeronle mas palabras que en la bendicion de los otros miembros: y fueron estas: *Unquantur manus iste oleo sanctificato, cum quo uncli fuerunt reges, et profetæ. Et siout unxit Samuel David regem, ita sis bonus, et constitutus rex in regno isto super populum estum, quem dominus dedit libi ad regendum, et gubernandum, ipse præstare dignetur, qui vivit, et regnat in sæcula sæculorum, amen.* Sean ungidas estas manos con el olio santo, con el cual fueron ungidos los reyes y profetas. Y como Samuel ungió al rey David, asi seas buen rey constituido en este reino sobre el pueblo que te dió el Señor para gobernar, teniendo él por bien de conceder esto, que vive y reina en los siglos de los siglos, amen.

En descubriendo cada parte de las que se habian de consagrar antes que la ungiese decia el arzobispo *Pas tecum*. La paz sea contigo. Respondian todos. *Et cum espiritu tuo*. Y con tu espíritu.

Acabadas las unciones los dos arzobispos llevaron al emperador á la sacristia, y alli le limpiaron con algodones, y vistiéronle de blanco como á diácono, atravesada una estola del brazo derecho, volvió á salir al altar y postrose en las gradas como lo hizo primero. Estas vestiduras fueron del emperador Carlo-Magno y tiénenlas en la ciudad de Noremberg con mucha estima que no sirven sino para este acto. Dichas ciertas breves oraciones, levantose el emperador y juntamente los tres arzobispos le dieron una espada desnuda, la cual fue del emperador Carlo-magno diciendo estas palabras: *Accipe gladium per manus episcoporum licet indignas vita tamen, el autoritate apostolorum sanctorum consecratos*. Recibe la espada por las manos de los obispos, aunque indignas, pero consagrados en la vida y autoridad de los santos apóstoles. Luego el arzobispo de Colonia le dió un anillo y la vistió una ropa diciendo: *Accipe dignitatis annulum per hunc catholicæ fidei agnosce signaculum.* Recibe el anillo de dignidad y conoce por él el blason, ó sello de la fe Católica.

Despues de esto pusiéronle un cetro real en la mano, y un mundo en la otra diceindo: *Accipe virgam virtutis, atque æquitatis quá intelligas diligere pios et terrere reprobos.* Recibe esta vara de virtud y equidad con la cual sepas amar á los buenos, y espantar á los malos.

Dichas estas palabras, los otros arzobispos le pusieron la corona de oro del emperador Carlo-Magno sobre la cabeza diciendo: *Accipe coronam regiam ac regni licet ab indignis episcoporum manibus capiti tuo imponatur sanctitatis opus ac fortitudinis.* Recibe la corona real y del reino y sea puesta en tu cabeza por las manos aunque indignas de los obispos obra de santidad y fortaleza.

Luego despues de esto lleváronle á una silla de piedra muy rica de los reyes pasados y sentáronle alli diciendo estas palabras: *Ila retine modo locum regni quem non jure hæreditario, nec paterna successione sed principum etc electorum in regno Alemaniæ tibique per eorum vota delegatio maximé per autoritatem Dei imnipotentis.* Ten pues ahora el lugar del reino el cual se te da, no por juro de heredad ni paterna sucesion, sino por eleccion de los príncipes electores del reino de Alemania, por cuyos votos principalmente se te encomienda por la autoridad de Dios omnipotente.

En el tiempo que se hizo esta ceremonia están los del coro cantando esta antífona: *Desiderium animæ tribuisti ei et voluntate fabiorum ejun non fraudasti eum.* Cumpliste señor los deseos de su alma y no le defraudaste en nada de lo que te pidió.

Estuvo el emperador sentado en aquella silla con la espada ceñida grande espacio de tiempo y llegaron alli muchos gentiles hombres y se armaron caballeros. El emperador les daba tres golpes en los hombros con la espada de Carlo-Magno, y de esta manera quedaba caballero el que recibia los golpes.

Tronando el emperador el altar mayor prosiguieron la misa en que dijeron luego el Evangelio *Cum natus esst iesus* etc. y el ofertorio *Reges Tharsis* etc. El emperador fue á ofrecer, y los electores tambien. Y prosiguiendo la misa al tiempo que dijo el arzobispo, *Pax Domini* volviéndose hácia el emperador dijo esta bendicion: *Benedicat tibi Dominus etcustodiat te, et sic ut voluit super poulum suum esses rex ita in presenti sæculo fælicem et, fælicitatis tribuat ese consortem. Per Ghristum Dominum nostrum Amen.*

Acabada la misa, el nuevo rey de romanos y electo emperador volvió á su palacio con el mismo triunfo y magestad que habia venido á la iglesia. Y como luego se sentase á comer le sirvieron con la grandeza que se puede pensar y los tres arzobispos que fueron en la coronacion bendijeron la mesa.

Comió solo el emperador en ella. El maridial del imperio sirvió de caballerizo dando alli públicamente de comer al caballo en que el emperador habia andado. El conde Palatino sirvió de Maestresala y trajo una pieza de un buey á la mesa que habian asado entero en la plaza y relleno de muchas aves, las cabezas de las cuales asomaban por las costillas. El conde Limburg sirvió de copa que fue de una fuente que manaba por tres caños vino blanco y tinto, y trajo un tazon de ella.

Fray Prudencio de Sandoval, *Historia de la vida y hechos del emperador Carlos V*

Un puzle imperial, un mapa inabarcable

Borgoña era un territorio central en los trasiegos económicos y culturales europeos en el inicio de la Edad Moderna. Además, la mayor parte de las principales vías de comunicación y rutas comerciales atravesaban Borgoña. Allí pasó Carlos su infancia y recibió su educación, en un territorio donde los Habsburgo —cuya familia procedía del alto Rin— encontraron su fortuna política. Un territorio, en el pasillo que comunicaba el mar del Norte con el Mediterráneo a través del Rin, el Ródano y los Alpes, que había pertenecido a la antigua Lotaringia, región surgida tras la fragmentación del imperio de Carlomagno entre sus hijos y cuya posesión se disputarán Francia y Alemania hasta el siglo xx. Era un espacio ampliamente poblado y de gran prosperidad económica por las cuencas mineras de los ríos Rin y Ruhr.

La herencia acumulada por Carlos comenzaba por los Países Bajos tras la pérdida de su padre, Felipe, a la edad de seis años. Los Países Bajos incluían Luxemburgo, Brabante, Flandes, Holanda, Zelanda, Hainault, Artois y el Franco Condado, además de aspiraciones al ducado de Borgoña. En enero de 1515 Carlos fue proclamado gobernador de los Países Bajos. Al año siguiente murió su abuelo materno Fernando, rey de Aragón, del que recibió la corona de Aragón y sus territorios mediterráneos (Sicilia, Cerdeña, Nápoles y ciudades del norte de África). La inhabilitación de la reina Juana le convirtió en aspirante al trono castellano y, por ende, al dominio de los territorios americanos. Como nieto del emperador Maximiliano, recibió en enero de 1519 la herencia de los Habsburgo, compuesta por los dominios en Austria, Tirol y el sur de Alemania.

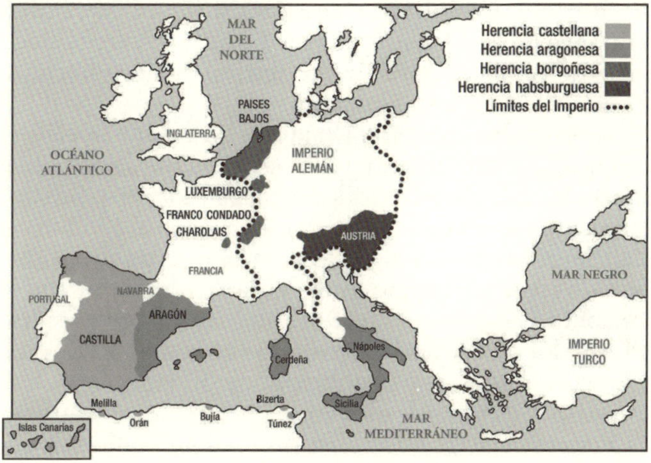

Posesiones territoriales de Carlos V.

La propaganda política

La idea imperial que propugna el joven Carlos V parte de la primacía de un imperio único que entroncaría con el Imperio romano, el Imperio carolingio y sus descendientes y el Imperio romano-germánico. Continuaba la idea medieval de la supremacía temporal del emperador y la espiritual del papa. Esta idea fue adaptada al concepto de la trascendencia humana de la plenitud del poder, inculcada por los Reyes Católicos y hombres cultos como Pedro Ruiz de la Mota y Antonio de Guevara, obispos de Badajoz y Mondoñedo respectivamente. En el imperio se impuso la idea de monarquía universal, enunciada por Mercurino de Gattinara. El esfuerzo del emperador debía encaminarse a extender su autoridad por todas las naciones pero sin someter a los demás monarcas, limitándose a defender su herencia territorial. Sus objetivos constantes fueron defender la ofensiva de Oriente contra Europa y extender el mensaje cristiano por aquellos territorios desconocidos y pertenecientes a su Gobierno.

Según José Antonio Maravall, los españoles elaboraron doctrinalmente una idea de imperio, la recogida por Guevara, que reunió los tópicos morales-políticos del pensamiento de la Edad Media como misión imperial: lograr una aldea virtuosa, la gran república cristiana, a través del elogio de la figura de Marco Aurelio y la sabiduría de los antiguos —hombres no desfigurados en su valor moral por la sociedad— en la moral, las leyes y las costumbres y en el gobierno de sus repúblicas. Un espejo de príncipes de influencia erasmista y humanista. El imperio lo entiende como principio de unidad que, apoyado en la divinidad, rige el mundo, con una aplicación política en forma de monarquía, el gobierno de uno solo sobre el orbe, *Monarchia totius orbis*, aunque no elimina la presencia de príncipes particulares. Se trata de una idea utópica universal, sin embargo, pese a ese espíritu prenacional.

El ejército español: los tercios

El ejército español era poderoso por los regimientos de infantería, creados por el gran capitán, Gonzalo de Córdoba, durante las campañas italianas realizadas por los Reyes Católicos. Para aumentar su eficacia, el gran capitán introdujo cambios en la organización del ejército: añadió lanceros y arcabuceros para reforzar la línea del armamento y perfeccionó la táctica militar a través de la movilidad.

Los tercios, introducidos en 1534, eran un método militar que integraba diferentes armas. Los tres mil

Arcabucero recargando su arma. El arcabuz es un término derivado del alemán *Hakenbüchse* ('caja de gancho'), que alude a la saliente metálica situada en la parte inferior del caño para permitir calzar el arma. El proyectil era una bala de plomo que pesaba alrededor de una onza (veintiocho gramos) y cuyo alcance no superaba la treintena de pasos. El mecanismo de disparo consistía en una mecha sostenida por un serpentín que, al apretarse el gatillo, caía sobre una cazoleta llena de pólvora; la misma estaba comunicada por un oído con la recámara, y se producía así la ignición de la carga propulsora.

soldados que conformaban un tercio español se dividían en mil quinientos lanceros o piqueros, que desplegaban sus picas en formaciones cuadradas para proteger el avance; mil rodeleros, provistos de espadas y escudos redondos para el combate cuerpo a cuerpo; y quinientos arcabuceros, que disparaban tras una descarga inicial de mosquetes. Durante más de doscientos años la infantería española fue la mejor preparada de toda Europa.

La longitud de la pica era aproximadamente de dos metros y medio, y estaba elaborada con maderas resistentes para evitar que se quebrara. La formación de combate se disponía con una primera fila de soldados con la rodilla hincada y la pica apoyada en el suelo. Detrás se situaban los demás piqueros con el arma inclinada. El arcabuz era un cañón sobre fuste de madera y aligerado hacia la boca, que se encendía por mecha y disparaba balas de plomo o estaño.

La rivalidad con Francisco I de Francia

Tras la Dieta de Worms, de la que hablaremos en el próximo capítulo, Carlos también había de hacer frente al rey francés, derrotado en la elección imperial y que buscaba resarcirse en el campo de batalla. Camino de España, el emperador se detuvo en los Países Bajos para prevenir un posible ataque francés y después en Inglaterra, como huésped de Enrique VIII, durante un mes. Alcanzó Santander el 7 de julio de 1522.

La sempiterna oposición de Francia fue un obstáculo en el desarrollo de la idea imperial de Carlos V. La titularidad del ducado de Borgoña y del Franco Condado, en manos de los Habsburgo, hacía que Francia apareciera desde el punto de vista geoestratégico como un feudo títere de la casa de Austria. Fernando el Católico había establecido, con los tratados matrimoniales de 1496, un cerco inexpugnable alrededor de Francia, con la política de expansión mediterránea de la corona aragonesa como principal causa política. Francia también tenía otro motivo de conflicto con España: el ducado de Borgoña, heredado

Francisco I de Francia mantuvo una política exterior marcada por el enfrentamiento continuo con el emperador. Francisco I fue un rey guerrero, impetuoso y humanista.

por Carlos V como nieto de María de Borgoña, había sido ocupado por Luis XI.

La rivalidad entre el emperador y el monarca francés ha sido puesta de relieve por muchos historiadores desde el siglo XIX. Francisco de Valois, conde de Angulema, alcanzó el trono francés tras prevalecer su precario derecho a la espera de que Luis XII no tuviera sucesión varonil de su segundo matrimonio. Continuó las aspiraciones de sus antecesores sobre la península italiana y pretendió la dignidad imperial, cuya derrota acentuó aún más el enfrentamiento. El primer episodio tuvo lugar en un contexto de dificultades para Carlos V —el protestantismo y las Comunidades castellanas—, con el apoyo francés al ducado de Luxemburgo y, sobre todo, a las aspiraciones de Enrique de Albret en Navarra. Un ejército comandado por André de Foix tomó Pamplona, aunque las tropas de la infantería española derrotaron a los franceses el 30 de junio de 1521.

A continuación, el escenario de enfrentamiento se trasladó a Italia. En 1522 Carlos y Enrique VIII de Inglaterra firmaron el Tratado de Windsor, por el que ambos se aliaban contra Francia. También se había convenido con el papado la expulsión de los franceses de los territorios italianos. El jefe supremo de las tropas imperiales en Italia fue Prospero Colonna. Los tercios españoles invadieron Lombardía a finales de 1521; se apoderaron de Milán, rescataron para el papa León X Parma y Plasencia, y restablecieron en el poder de Génova a la familia Adorno. El norte de Italia, que configuraba un conglomerado de pequeños territorios y ciudades-Estado con gran autonomía y poderío económico, cayó bajo dominio imperial. El emperador se había rodeado de grandes colaboradores militares de diversas naciones y de diplomáticos que formaron una alianza, en junio de 1523, liderada por el emperador y su hermano el infante don Fernando, que regentaba el territorio de Austria, junto a Enrique VIII, el papa Adriano (antiguo obispo de Tortosa y regente de España), la ciudad de Venecia y gran parte de los territorios italianos.

Pavía: hegemonía en Italia y prisión de Francisco I

El emperador planteó una estrategia arriesgada: invadir el corazón de Francia con la ayuda del duque de Borbón, condestable desafecto y primer vasallo del rey francés, para ocupar Borgoña. El ejército imperial era mandado por Carlos de Lannoy y el marqués de Pescara. A pesar de que la diplomacia francesa conocía estos planes, Francisco I ordenó recuperar el ducado de Milán en octubre de 1524, y contó dos meses después con la connivencia del papa Clemente VII y de la ciudad de Venecia. El almirante de Bonnivet, gobernador del delfinado, puso sitio a la ciudad de Milán sin éxito y el ejército francés abandonó la idea de invadir Lombardía. No obstante, los imperiales apenas lograron penetrar en territorio francés, como habían previsto, por la resistencia de la nobleza francesa en torno a Aviñón y Marsella. Francisco I, de forma audaz, se presentó en Lombardía ante un ejército imperial desprevenido. La provisional toma de Milán, donde solo resistió el castillo de los Sforza con guarnición española y de donde huyeron de Lannoy y el marqués de Pescara, debilitó la imagen del disperso ejército imperial y el rey francés se presentó en Pavía, defendida por Antonio de Leyva, navarro que había participado en las campañas de Gonzalo de Córdoba. Pescara pudo movilizar a los mercenarios alemanes, que querían cobrar sus pagas, gracias al gesto de los soldados españoles, que consintieron prestar «ochenta de ciento o seis de diez», según lo que tuviesen, para pagar a los lansquenetes alemanes.

Varias escaramuzas durante enero y febrero de 1525 culminaron con la batalla de Pavía, el 24 de febrero. Esta ciudad fortificada disponía de una guarnición de dos mil españoles y cinco mil alemanes al mando

Tapiz de Bernard van Orley, Museo de Capodimonte (Nápoles), siglo xvi.

de Antonio de Leyva. Aunque las fuerzas podían estar parejas, los defensores de Pavía padecieron hambrunas, las tropas de refuerzo traían las arcas escasas y algunos mercenarios alemanes quisieron amotinarse. Este episodio bélico marca el apogeo del emperador, un triunfo de la infantería española mal pertrechada y abastecida, guiada por capitanes expertos que conocían la táctica

La batalla de Pavía tuvo lugar el 24 de febrero de 1525 y en ella el emperador Carlos V afianzó, frente a las tropas de Francisco I de Francia, que cayó prisionero, su dominio sobre el norte de Italia.

del gran capitán, contra un ejército de grandes señores anclados en los códigos de la caballería medieval que planteó un combate personal. La infantería española, compuesta de arcabuceros y piqueros, triunfó frente a los caballeros franceses cubiertos de hierro que maniobraban con dificultad. Los lansquenetes imperiales derrotaron a la artillería francesa y la infantería suiza se dio a la fuga ante las tropas imperiales, que persiguieron a sus enemigos hasta el río Tessino. La batalla de Pavía se saldó con diez mil soldados franceses y suizos muertos y tres mil prisioneros, entre los cuales se hallaban numerosos nobles, como Saluzzo, Montmorency, Enrique de Navarra y el propio Francisco I.

El rey francés había sido derribado de su montura por los arcabuces españoles y capturado por el vasco Juan de Urbieta al tratar de liberar su pierna atrapada bajo su moribundo caballo. Urbieta no reconoció la distinción de su botín, pero no quiso degollarlo al ver su cuidada armadura. Francisco I fue tratado con gran honor por los soldados españoles, que le dedicaron palabras de consuelo al pasar entre sus filas.

Entre las consultas sobre lo que el emperador debía hacer con la prisión del rey francés hubo diversos pareceres. Descartada la cárcel perpetua, se determinó que el emperador, según narra la crónica de fray Prudencio de Sandoval, «tenía su campo hecho, pagado, y vitorioso, y con tanta reputación, debía mandar seguir la vitoria y tomar enmienda y satisfacción de las ofensas que el rey de Francia le había hecho en le mover y hacer guerra tan sin razón mandando que los suyos entrasen poderosamente por Francia y que por las partes de España y Flandes se hiciese lo mesmo». No obstante, el emperador no quiso aprovechar la oportunidad de invadir una Francia sin rey y, una vez logrado el dominio sobre el territorio septentrional de Italia, utilizó la victoria militar para tratar de garantizar el bien común para la cristiandad.

El traslado de Francisco I se realizó por mar hasta Barcelona y luego por tierra a Valencia, Guadalajara —donde se hospedó en el palacio del duque del Infantado— y Madrid. La tradición narra que estuvo alojado en la torre de los Lujanes, una familia noble de la villa, y en el Alcázar durante el verano de 1525.

Carta del rey de Francia al emperador

Si mas aina me fuera dada libertad por mi primo el virey, yo no hubiera tardado tanto en hacer con vos lo que era obligado, segun el tiempo y lugar en que me hallo. Sed cierto que no tengo otro consuelo en mi infortunio, sino es la esperanza de vuestra bondad, la cual si le pluguiere usar conmigo, vos lo habreis hecho como príncipe generoso, y yo os quedaré para siempre obligado. Muy grande y muy firme esperanza tengo en vuestra bondad, que no querrá forzarme á cosa que á vos no sea honesta mandarme y á mí no sea posible cumplirla. Mucho vos suplico comenceis á determinar en vuestro corazón, que es lo que vos placerá facer de mí. Y en este caso téngome por dicho que lo hareis como se espera de un príncipe tal cual vos sois, es á saber, acompañado de honra, y afamado de magnanimidad. Pues si vos pluguiere haber esta piedad de mí, dando vos la seguridad que es razon de darse por la prision de un rey de Francia, sed cierto y seguro, que en lugar de un príncipe inútil, cobrareis un rey por esclavo, porque mas provechoso vos será, me cobreis por fiel amigo, que no que muera aqui desesperado. Por no vos enojar mas con mis razones, hago fin a la letra, recomendándome una y muchas veces en vuestra buena gracia.

Fray Prudencio de Sandoval, *Historia de la vida y hechos del emperador Carlos V*

El saco de Roma

La Concordia de Madrid, firmada el 15 de enero de 1526, obligaba al monarca francés a renunciar a Italia y Flandes y a entregar Borgoña al emperador, a cambio de su liberación. El propio Carlos V era consciente de que esa situación le haría emplear la fuerza armada y cuantiosas sumas de dinero. Estas exigencias imperiales le alejaban de la pretendida concordia con la que se presentaba como adalid universal de la cristiandad. Francisco I encontró aliados receptivos en el papa, Venecia, Florencia y otras ciudades italianas. Pese a que los consejeros de Carlos insistían en abandonar las pretensiones de mayores compromisos en Italia —principalmente por su coste económico—, este procuró atacar el flanco más débil, el papa de Roma: el asalto a la ciudad en mayo de 1527 por las tropas españolas y alemanas fue continuado por actos de pillaje y robo durante una semana.

En el contexto de la Reforma protestante del siglo XVI resultaba complicado distinguir quiénes estaban con el papa y quiénes contra él. Esta desorientación quedó manifiesta en la distinta reacción de diferentes grupos sociales españoles. Las protestas papales por el saqueo de Roma tuvieron dura respuesta en romances populares, que acusaban al pontífice de los hechos, y en la pluma de algunos humanistas, como Alfonso de Valdés, secretario del emperador. La política de Clemente VII fue utilizada como objetivo del castigo divino que supuso el saqueo por los pecados del papa y su corte en un contexto de vicio. Los humanistas deseaban restaurar la unidad cristiana a través de una monarquía universal encarnada por el emperador Carlos —a quien se le instaba a realizar la reforma de la Iglesia— antes que por el papa. Otro humanista español, Luis Vives, justificaba así la oportunidad que

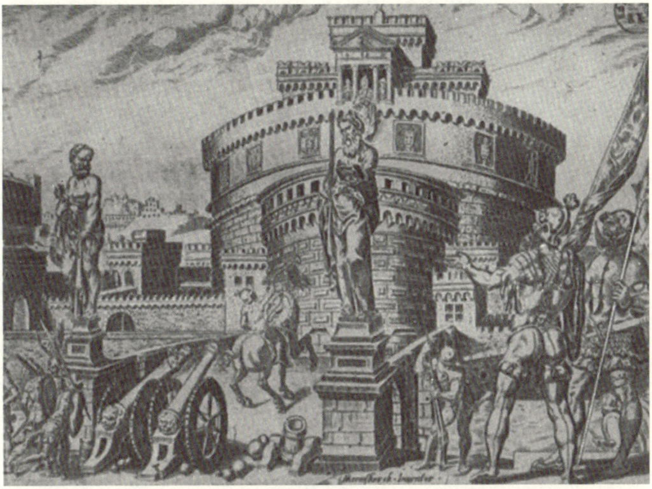

Clemente VII cercado en el castillo de Sant'Angelo, grabado de Heemsberck (1498-1574), Biblioteca Nacional, Madrid. Durante el saco de Roma los soldados alemanes del emperador saquearon la Ciudad Eterna. El pontífice Clemente VII hubo de refugiarse en el castillo de Sant'Angelo para salvarse y se vio obligado a pagar cuatrocientos mil ducados por su rescate y a absolver a los saqueadores. En señal de duelo perpetuo, a imitación de los patriarcas del Antiguo Testamento, Clemente decidió dejarse crecer la barba.

supuso el episodio romano para obtener la salvación de la cristiandad: «Cristo ha concedido a nuestro tiempo la más hermosa oportunidad para esta salvación, por las victorias tan brillantes del Emperador, y gracias al cautiverio del papa».

La consecuencia del saqueo de Roma fue la finalización del militarismo del papado. Francia volvió a insistir en la conquista de algunas ciudades italianas en 1528 y sus ejércitos alcanzaron Nápoles. Carlos recibió el apoyo

Francisco Javier Amérigo y Aparici (1842-1912), *Del saqueo de Roma* (1887), Museo del Prado, Madrid. Este cuadro representa a un grupo de soldados durante el saqueo y la profanación de una iglesia romana.

El saco de Roma, que tuvo lugar el 6 de mayo de 1527, fue provocado por un ejército mal pagado que realizó desmanes, actos de pillaje y robos sacrílegos durante una semana.

de los banqueros italianos y la escuadra del genovés Andrea Doria, quien ayudó en primera instancia al mariscal de Lautrec a tomar, para los franceses, Génova y Pavía, y convencido después por la elocuencia del marqués del Vasto, se cambió al bando imperial. Los franceses fueron derrotados y en julio de 1529 el emperador Carlos V y el papa Clemente VII acordaron el Tratado de Barcelona y sellaron su reconciliación. El pontífice acordaba coronar al emperador en el Vaticano. Francisco I hubo de firmar la Paz de Cambrai, por la que renunciaba a sus pretensiones sobre Flandes y los territorios italianos y Carlos V a su ambición sobre Borgoña.

Coronación del emperador a manos del papa

La elección imperial debía ir seguida por varias ceremonias de coronación. La primera fue la coronación como «rey de romanos», celebrada en la Capilla Palatina de Aquisgrán, donde al emperador se le impuso la corona de Carlomagno, según hemos descrito, el 23 de octubre de 1520. La segunda coronación era la de «rey de los borgoñones» o «rey de Italia», y no tenía un lugar establecido, mientras que la tercera era la imposición por parte del papa de la corona imperial en Roma. Sin embargo, esta costumbre había caído en desuso: el propio abuelo de Carlos, Maximiliano I, nunca se coronó. Pero el campo de acción de Carlos rebasaba el ámbito germánico y se había convertido en el monarca más poderoso y universal de la cristiandad, posición confirmada con éxitos militares como el de la batalla de Pavía.

En las negociaciones del tratado de Barcelona el papa y el emperador discutieron sobre el dominio político

El canciller del emperador, Mercurino Gattinara, le adulaba con estas palabras: «Dios, el Creador, os ha concedido la gracia de elevar Vuestra dignidad por encima de todos los reyes y príncipes de la Cristiandad, al convertiros en el mayor emperador y rey desde la partición del Imperio de Carlomagno, y os ha indicado el camino hacia la justa monarquía universal a fin de unir el orbe entero bajo un único pastor». Ahí radica la importancia que adquiría para Carlos la coronación imperial por el papa.

sobre Nápoles, Milán o la Romaña, y allí obtuvo Carlos el compromiso de coronarle emperador. Como las heridas del saco de Roma seguían abiertas, se debía fijar otra sede para la ceremonia; la elegida fue Bolonia, que pertenecía a los Estados Pontificios y quedaba próxima al ducado de Milán, en manos de los españoles.

Carlos V pudo viajar al fin a Italia en 1529. A finales de julio zarpó de Barcelona y, tras desembarcar en Génova, se encaminó a Bolonia. A su llegada, el 5 de noviembre, le esperaban veinticinco cardenales en señal de pleitesía, en la puerta de la ciudad. Para acoger el acontecimiento, la ciudad se transformó en una réplica de Roma. La entrada de Clemente VII fue acogida por arcos triunfales, con escenas del Antiguo Testamento que simbolizaban el acuerdo entre la Iglesia y el imperio. Carlos V realizó una entrada triunfal, a imitación de los emperadores romanos al regresar victoriosos de sus campañas militares. Los actos de coronación se demoraron para hacerlos coincidir con el trigésimo aniversario de Carlos. Así, el 22 de febrero de 1530 el papa colocó sobre su cabeza la corona de hierro de los lombardos, llamada así por incorporar una banda de hierro elaborada a partir de un clavo usado en la crucifixión de Cristo. Esta solemne ceremonia coronaba a Carlos como «rey de los borgoñones» o «rey de Italia» y tuvo lugar casi en privado, para no restar esplendor a la tercera coronación prevista el 24 de febrero.

La iglesia de San Petronio se habilitó como si se tratara de la basílica de San Pedro. En previsión de la posible multitud que llenaría la plaza situada frente al templo, se construyó un puente de madera que unía el Palazzo Pubblico, donde se alojaban el pontífice y el emperador, con la escalinata de la basílica. Carlos desfiló por ella ricamente ataviado llevando en la cabeza la corona de hierro, precedido por cuatro nobles, los duques de Saboya, Urbino y Baviera, y el marqués de Monferrato, portando las insignias imperiales: la corona de oro, la espada, el orbe y el cetro. Después de pasar el conde de Nassau, que sostenía la cola del manto imperial, la pasarela se hundió y provocó tres muertos y numerosos heridos.

Al entrar en la iglesia, Carlos fue investido como canónigo de San Pedro. A continuación el cardenal Farnesio, que años después se convertiría en el papa Paulo III, le ungió con los santos óleos, signo del carácter sagrado de su nueva condición. Ya en el altar

Baccio Bandinelli (1493-1560), *Clemente VII coronando a Carlos V*, Palazzo Vecchio, Florencia. La coronación de Bolonia colmó las ambiciones de Carlos V ya que la cristiandad lo había aclamado como heredero de los antiguos césares y había reconocido su hegemonía en el *statu quo* político europeo. Este «dominio universal» señalaría el cénit del emperador Carlos V.

mayor, el pontífice le entregó la espada que le confería «los derechos de la guerra», que suponía la obligación de tomar las armas en defensa de la fe cristiana. Acto seguido colocó el cetro en la mano izquierda del soberano, y en la derecha, la esfera dorada que representaba al mundo, símbolo de que le entregaba «el Imperio del orbe». El ritual culminó cuando Clemente VII ciñó sobre su cabeza la diadema de oro de los emperadores, conocida también como la corona de los césares.

Concluida la ceremonia en el interior del templo, el pontífice y el emperador emprendieron un solemne desfile a caballo y bajo palio a través de las principales calles de la ciudad. Para concluir la jornada, las comitivas papal e imperial dieron cuenta de un fabuloso banquete celebrado en el Palazzo Pubblico, mientras la población congregada para el acto en la plaza cercana comía buey asado preparado especialmente para la ocasión, y bebía el vino que manaba de una inmensa fuente repleta de símbolos imperiales y presidida por la figura de Hércules.

¿Salió fortalecido Carlos V de Bolonia? El ideal del imperio cristiano diseñado por Gattinara, con el dominio de Italia como epicentro del mismo, le impidió mantener a Europa en paz y erigirse cabeza de un frente común contra el Turco: los franceses habían realizado contactos diplomáticos con ellos. La muerte del duque de Sforza de Milán en 1535 planteó de nuevo el protagonismo francés en Italia. Coincidió este contratiempo con su campaña triunfal en el norte de África y la toma de Túnez, que analizaremos a continuación.

Las hostilidades bélicas contra Francia se reanudaron, con un resultado de endeudamiento y de ruina militar para el emperador. El papa obtuvo en la Tregua de Niza, en 1538, el compromiso de que ambos mandatarios cesarían sus conflictos al menos durante diez años, programarían una Liga contra el Turco y alentarían la guerra contra los protestantes, además de colaborar en la celebración de un concilio general.

Francisco I aprovechó el desgaste del emperador en la campaña de Argel de 1541 y rompió la tregua invadiendo los Países Bajos en 1542. Carlos detuvo el ataque al restaurar la alianza con Inglaterra en 1543, y en la Paz de Crépy el rey de Francia renunciaba a sus pretensiones sobre los Países Bajos y Nápoles. Al fallecimiento de Francisco I en 1547 ambos monarcas estaban en paz, pero la obsesión de Carlos por obtener el ducado de Borgoña permaneció en las instrucciones dadas a su heredero Felipe por recuperar dicho territorio, «nuestra patria».

3

Un imperio cristiano

EN BUSCA DE LA PAZ UNIVERSAL CRISTIANA

La ruptura de la cristiandad en Occidente fue protagonizada por Martín Lutero, monje atormentado por la idea de la muerte que en 1517 se había rebelado contra la infalibilidad del papa y había denunciado los excesos de la Iglesia al comportarse sus componentes como príncipes seglares y ofrecer la compra de la salvación a través de las indulgencias. Lutero propugnaba una religiosidad individual, más cercana y directa con Dios, que pudiera interpretar de forma personal la Biblia y los textos sagrados. El credo luterano planteaba una visión maniquea de la religiosidad, la salvación del alma humana o su condenación eterna. El hombre, como siervo del Señor, debía mantener su fe para alcanzar la gloria. Lo importante era la palabra de Dios y no la institución erigida en derredor. Frente a la jerarquización católica, el luteranismo fomentaba que cada creyente estableciera su relación personal con Dios y solo aceptaba como sacramentos válidos la confesión, el bautismo y la eucaristía.

El surgimiento de las iglesias reformadas tuvo un impacto religioso y cultural muy grande, pero también consecuencias de hondo calado político. El protestantismo afectó a las relaciones políticas del imperio con Francia y con el papado, pero sobre todo supuso la constatación de la pérdida de poder del emperador Carlos en Alemania.

La doctrina luterana le hizo permanecer en tierras alemanas por espacio de varios meses. El legado pontificio le pidió que cumpliera la bula papal, pero Carlos deseaba evitar un enfrentamiento con los príncipes, cuya ayuda necesitaba. En la Dieta de Worms, inaugurada el 6 de enero de 1521, Carlos, como máxima autoridad y defensor inquebrantable del catolicismo, se enfrentó a Martín Lutero para intentar sujetarle. El emperador presidía la dieta, compuesta por los nuncios Alejandro y Caraccioli, los electores laicos y eclesiásticos, príncipes y caballeros y los burgomaestres de las ciudades imperiales. Lutero, que contaba con gran apoyo popular, no se retractó y expuso que no podía someter su fe ni al papa ni al concilio, ya que no había sido convencido con testimonios de la Escritura, por lo que fue desterrado del imperio. Carlos aseguró defender íntegro el dogma católico de la Iglesia romana conforme lo habían profesado sus abuelos los emperadores de Alemania y los Reyes Católicos. Comenzaba la contienda contra la doctrina luterana.

Martín Lutero convocado en la Dieta de Worms ante Carlos V expuso estas palabras: «A menos que no esté convencido mediante el testimonio de las Escrituras o por razones evidentes —ya que no confío en el Papa, ni en su Concilio, debido a que ellos han errado continuamente y se han contradicho— me mantengo firme en las Escrituras a las que he adoptado como mi guía. Mi conciencia es prisionera de la Palabra de Dios, y no puedo ni quiero revocar nada reconociendo que no es seguro o correcto actuar contra la conciencia. Que Dios me ayude. Amén».

Lutero y el luteranismo

Martín Lutero (1483-1546) estudió Derecho e ingresó en un convento de agustinos en 1505 como resultado de su inquietud religiosa. A través de la lectura de los grandes místicos, de san Agustín o las epístolas de San Pablo, concluyó que la penitencia exigía como condición principal la confianza en Dios. Así se acercó a la doctrina de la justificación de la fe, al borde de la herejía.

Tras un viaje a Roma, fue lector en la Universidad de Wittenberg. Lutero protestó contra los abusos que suponía la aprobación de la bula de indulgencias por el papa León X para obtener ingresos y construir la iglesia de San Pedro en Roma, aunque este asunto no explica las causas de la Reforma, que se inicia con la publicación de las noventa y cinco tesis de Lutero en la puerta de la iglesia de Wittenberg el 31 de octubre de 1517.

El papa citó a Lutero por medio de legados pontificios para que se retractara en diversas ocasiones, pero el número de sus partidarios fue en aumento y contó con el apoyo de muchos humanistas. En sus obras *La cautividad de Babilonia* y *Carta a la nobleza cristiana de la nación alemana* exponía sus postulados: la misa era una ceremonia conmemorativa; rechazo a las peregrinaciones, las indulgencias, los ayunos, el culto de la Virgen y de los santos y el Purgatorio; los sacerdotes tienen una función de educadores morales y predicadores y el celibato ha de abolirse. La Iglesia romana no tenía por qué ser superior a ninguna otra, ya que, como habían expuesto las doctrinas bajomedievales de Huss, solo había una Iglesia universal, la de Cristo.

Tras la Dieta de Worms, Lutero fue desterrado del imperio y el luteranismo fue ganando adeptos.

Los príncipes protestantes

El problema político en Alemania era su distribución territorial conglomerada. Los Estados tenían su soberanía y los príncipes su independencia, lo que frustraba la efectividad del gobierno imperial. La Reforma protestante avanzó en muchas ciudades del norte de Alemania, donde se quemaron iglesias y se destrozaron imágenes y altares. La rebelión contra el orden teológico romano se extendió por los países bálticos y Suiza. Hubo una gran represión hacia los campesinos rebelados contra los señores y príncipes, apoyados por Lutero. El infante-archiduque Fernando formó en 1524 la Liga Católica y presidió una dieta en Spira para ratificar lo establecido en Worms y prescribir que nadie fuera molestado por sus creencias. Los defensores de Lutero redactaron una protesta solemne. De ahí adoptaron el apelativo de «protestantes».

Carlos V no calibró de forma adecuada las diferencias entre Lutero y la Iglesia, y le costó pasar a la acción. Como defensor de la *universitas christiana* como ideal político, Carlos V no buscó el enfrentamiento directo contra Lutero y Federico de Sajonia, su protector y príncipe elector en el imperio. Tras las dietas de Spira y Augsburgo, entre 1529 y 1530, Carlos mostró una postura conciliadora para que los luteranos aparcaran sus exigencias doctrinales. En estas dietas se interpretó de forma confusa que cada príncipe podía elegir la religión de su propio Estado. Aunque era un contexto favorable por la paz firmada con Francia en Cambrai y la reciente coronación, Carlos intervino en la Dieta de Augsburgo tras ocho años de ausencia en Alemania. En ella el teólogo Philip Melanchthon redactó en latín la *Confesión de Augsburgo*, base de la doctrina protestante.

¿Y las consecuencias de la reforma protestante? ¿Pasaron factura a Carlos V? El emperador declaró la guerra a los príncipes protestantes de la Liga de Esmalcalda, creada en diciembre de 1530 con fines políticos y religiosos. La Liga contaba con el apoyo de algún príncipe católico, como el duque de Baviera, y con la connivencia de Enrique VIII de Inglaterra —enfrentado al papa por la cuestión de su divorcio de Catalina de

En la *Confesión de Augsburgo*, de 1530, quedó establecida la doctrina protestante. Plantea cuestiones sobre la fe y sobre la corrección de abusos realizados por la Iglesia, y expone que para alcanzar la unidad de la Iglesia hay que llegar a un acuerdo sobre la doctrina del Evangelio y la administración de los sacramentos.

Aragón— y de Francisco I de Francia. En 1532 se alcanzó una paz transitoria en Núremberg que reconocía el culto luterano mientras los príncipes protestantes apoyaban al emperador frente al peligro turco. Este panorama internacional hizo a Carlos, prematuramente envejecido por la gota y por el desasosiego de sus constantes viajes, desatender la cuestión reformista, que se fue extendiendo por el imperio.

En la Dieta de Ratisbona de 1546 el emperador trató de convencer a católicos y protestantes de la necesidad de acudir al concilio convocado en Trento cuatro meses antes. Solo por las armas podía intentar derrotar

Carlos, tras el saco de Roma, procuró la reunión de un concilio para resolver la cuestión religiosa. Aunque combatió la herejía, el emperador no encabezó la reforma espiritual de la Iglesia católica. Muchos católicos compartían las críticas a la Iglesia, abandonado su sentido original de servicio teológico a la comunidad y dedicada a los placeres terrenales. Esas son las raíces de la reforma católica, materializada en el Concilio de Trento (1545-1563), iniciado por Carlos V y concluido con Felipe II, que respondió a la necesidad de adaptar a las coordenadas del siglo XVI el catolicismo, y que ha pasado a la historiografía como la Contrarreforma católica.

a la Liga de Esmalcalda, por lo que declaró enemigos del Sacro Imperio a Juan Federico, duque de Sajonia, y al landgrave Felipe de Hesse. Con la capitanía general del duque de Alba, el emperador fue apoderándose de numerosas ciudades de la cuenca del Danubio hasta la disolución de la Liga, que no había recibido apoyos ingleses ni franceses. Aunque el papa Pablo III le retiró su apoyo por el excesivo poder imperial y Francisco I comenzó de nuevo a adular a los príncipes alemanes y al sultán turco, la muerte del monarca francés dio una tregua a Carlos.

Mühlberg y el *statu quo* europeo

En 1547 tuvo lugar la batalla de Mühlberg y Carlos V venció al elector Juan Federico de Sajonia, que fue capturado como prisionero. Esta ofensiva bélica dejó noqueda a la Liga de Esmalcalda. Carlos mostró su clemencia con Juan Federico —condenado a muerte en un primer momento— y su mujer Sibila de Clèves, ambos servidos por caballeros de Castilla en la tienda del duque de Alba. Incluso, impidió que algunos capitanes españoles ultrajaran la capilla del castillo de Wittenberg, capital del ducado de Sajonia y corazón de la Reforma, donde reposaban los restos de Lutero: «Dejadle reposar. Ya ha encontrado su juez; yo hago la guerra a los vivos y no a los muertos». Carlos acudió a Halle contra el segundo jefe de la Liga, Felipe de Hesse, que nada pudo hacer ante el ejército imperial y se rindió. Las ciudades luteranas hubieron de pagar subsidios y quedaron desprovistas de elementos defensivos.

La batalla de Mühlberg

Carlos llegó a las orillas del Elba con su hermano Fernando, rey de romanos y rey de Hungría y de Bohemia, y con Mauricio de Sajonia. El elector de Sajonia, Juan Federico, se refugiaba en

Mülhberg, ciudad separada del ejército imperial por un ancho y profundo río, el Elba. Un campesino enseñó a las tropas del duque de Alba un vado por donde atravesarlo.

Las tropas imperiales estaban integradas por diez mil veteranos de los tercios españoles, veintidós mil lansquenetes alemanes, diez mil infantes italianos, diez mil flamencos, siete mil caballos y quince piezas de artillería. Frente a ellas, la Liga disponía de ochenta y cinco mil infantes y ciento veinticinco piezas de artillería.

El emperador encabezó el ejército al grito de «¡Hispania!» y obtuvo una victoria total equiparable a la de Pavía. Carlos V pudo decir, adaptando la famosa frase de Julio César dirigiéndose al Senado romano: «Vine, vi y Dios venció».

La buena intención del emperador era intentar aunar la paz religiosa y política. Convocó en Augsburgo una junta de teólogos católicos y protestantes para determinar cuál habría de ser la religión en el Sacro Imperio Romano Germánico hasta que se celebrara un concilio general. El llamado Interim de Augsburgo, publicado por la dieta imperial en mayo de 1548, aplaudía la exposición de la doctrina católica, reconocida como sacerdotal y sacramental, y solo hacía dos concesiones a los protestantes: la comunión bajo dos especies (pan y vino) y el matrimonio de los clérigos. Pero el concilio estaba convocado y reunido estacionalmente en Bolonia, por lo que no era admisible que el emperador o la dieta legislaran sobre cuestiones teológicas y doctrinales. El propio papa Pablo III pidió a los obispos que no hicieran caso del Interim. Los luteranos querían ganar

Tiziano, *Emperador Carlos V, a caballo, en Mühlberg* (1548). Museo del Prado, Madrid. Tiziano solo viajó fuera de Italia dos veces. Una de ellas fue para pintar este cuadro en la ciudad de Augsburgo, donde Carlos V había reunido a la Dieta imperial. La pintura conmemora el triunfo imperial en la batalla de Mühlberg, acaecida el 24 de abril de 1547. Tiziano plasma un emperador de gesto sobrio y realista, montando a caballo sobre el campo de batalla con su atuendo militar: el morrión de triple cresta, la lanza corta de combate, la pistola de arzón y la media armadura. No destaca la proeza del episodio, sino que presenta el simbolismo de la propia figura del emperador en el devenir histórico.

Fernando de Habsburgo, rey de romanos en el Metropolitan Museum of Art de Nueva York (grabado de 1531). Fernando, católico convencido, era más tolerante que Carlos respecto al protestantismo por su larga convivencia con él. Presidió la Dieta de Augsburgo de 1555 y postuló una actitud conciliadora. Además, necesitaba el apoyo de los protestantes por la presencia turca en Hungría y por la cercanía de la abdicación imperial de su hermano, a quien sucedería en 1558.

tiempo para restablecer íntegramente su doctrina y el Interim hubo de imponerse por las armas en muchas ciudades.

Carlos sufrió el revés de perder el apoyo de su principal valedor en la guerra contra el elector de Sajonia y el landgrave de Hesse. Mauricio de Sajonia, príncipe protestante al servicio del emperador, le apoyó en la imposición del Interim pero fomentaba en secreto la oposición a él. Creó un ejército en Turingia mientras Carlos permanecía en el Tirol, ajeno a estas maquinaciones. En marzo de 1552 Mauricio de Sajonia enarboló la bandera de las libertades políticas alemanas y recibió el apoyo de Enrique II de Francia para restablecer el luteranismo en las ciudades del imperio así como en plazas imperiales obtenidas en las cercanías del Franco Condado: Metz, Toul y Verdún. El príncipe traidor se dirigió de improviso hacia Innsbruck, donde estaba el emperador, indefenso y enfermo, que se salvó apresuradamente por la indisciplina de las tropas protestantes —mercenarios saqueadores sin ley— y el prestigio del césar. Mauricio de Sajonia comentó que no lo había apresado por carecer de una jaula para un pájaro tan grande.

El rey de romanos, Fernando, concertó una entrevista con el caudillo rebelde, quien, mientras, trató de capturar al emperador. Este huyó de noche y se refugió en Villach, en Iliria, desde donde aún se oponía al libre ejercicio de la religión protestante. Presionado por su hermano Fernando, Carlos firmó la Paz de Passau en agosto de 1552, ratificada después en la Paz de Augsburgo de 1555, por la que se reconocía la libertad religiosa en paridad de condiciones a protestantes y católicos.

El enemigo infiel

El islam había sido expandido territorialmente durante la Edad Media por los árabes y los africanos. Su impulso llamaba a las puertas de Europa y comprometía los Estados territoriales de la cristiandad. Castilla y Portugal, entre otros, habían creado una línea de fortalezas en la costa del norte de África. Fernando

Solimán el Magnífico, óleo anónimo de la escuela italiana. Palacio del Senado, Madrid. Durante su gobierno (1520-1566) dominó las principales ciudades musulmanas (La Meca, Jerusalén, Bagdad, Damasco), el norte de África y la península balcánica, alcanzando las fronteras del Sacro Imperio Romano Germánico y cercando el corazón del mismo en diversas ocasiones. Algunos embajadores europeos mostraron su temor por el poderoso ejército que dirigía porque «era una fuerza inigualable, la habituación a la victoria, la resistencia, unidad, disciplina, frugalidad y vigilancia» y vaticinaron la claudicación de Europa.

el Católico no se ocupó de conquistar el interior del Magreb porque la empresa italiana requirió de todo su empeño y esfuerzo militar. Los piratas de Berbería, asentados en Argel desde 1516, llevaron a cabo esta tarea al amparo del sultán turco y realizaron constantes operaciones de ataque a las fortalezas españolas y a la propia costa peninsular. La orilla del Mediterráneo oriental también había caído bajo el poder turco: Siria en 1516 y Egipto en 1517. El Mediterráneo se había convertido en un mar musulmán.

Solimán el Magnífico o el Legislador gobernó el Imperio turco entre 1520 y 1566. Era indefectible que ambas potencias chocaran por el dominio del Mediterráneo, un enfrentamiento religioso y político. La expansión occidental de los turcos otomanos fue frenada por el dominio de los Habsburgo. Solimán llevó a cabo diez campañas militares en territorio europeo y obtuvo varias victorias de postín. Carlos V se erigió en defensor de la cristiandad utilizando el ideal medieval de cruzada para acabar con el poder otomano, ante el que fracasó.

Los turcos, a las puertas de Europa

Este problema político, militar y religioso había sido acuciante desde los comienzos del reinado de Carlos. Durante la pacificación castellana de 1522, la isla de Rodas —sede de los caballeros hospitalarios de la orden militar de San Juan— fue asediada por el poderío turco. A pesar de la heroica defensa con caballeros de distintos Estados europeos y el envío de un puñado de tropas desde Sicilia y Nápoles, la isla se rindió a la flota otomana el 1 de enero de 1523. Carlos V cedió a los caballeros la isla de Malta en 1530.

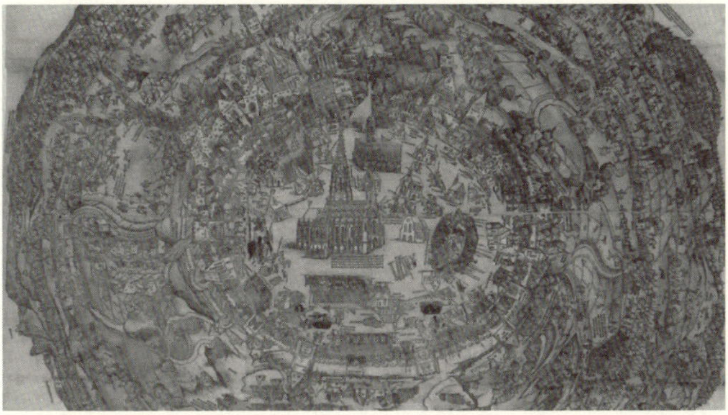

Miniatura del sitio de Viena (*circa* 1888) en el Museen der Stadt Wien en Viena. Las tropas de Carlos V detuvieron el empuje turco en Europa central al levantar el sitio de Viena. Esta ciudad era un sitio estratégico para controlar las rutas comerciales del Danubio hasta el mar Negro.

Con el dominio de los territorios balcánicos al entrar en Belgrado, Solimán el Magnífico se dirigió a las llanuras de Hungría. En 1526, en la llanura de Mohács, el rey de Hungría, Luis II, era derrotado y muerto. El 11 de septiembre Solimán hacía su entrada en Buda y los turcos se quedaban a escasa distancia de Austria. El archiduque de Austria, Fernando, fue nombrado rey de Hungría y Bohemia y trató de contener la situación. Poco después de la coronación imperial de Carlos V, Solimán había sitiado Viena con un ejército de doscientos ochenta mil soldados y la amenaza se cernía sobre la cuenca del Danubio. Carlos V acudió al rescate de Viena con noventa mil infantes y treinta mil jinetes españoles, alemanes e italianos. Solimán, que siempre había resultado vencedor, rehuyó el combate y emprendió la retirada en el otoño de 1532.

Carlos había costeado en parte la defensa de los territorios orientales de los Habsburgo, aunque ya los súbditos españoles se habían mostrado reticentes. De ahora en adelante, su hermano Fernando debía garantizar la seguridad de sus fronteras. No obstante, el asedio de Solimán a Hungría duró aún unos años más, hasta la firma de una tregua en 1549 —estampada por el propio Carlos— en la que Austria aceptaba pagar un tributo a Constantinopla.

Las campañas en Túnez

Pacificada Alemania, Carlos enarboló la bandera de la cruzada contra el imperio turco, el eje de su política internacional. A pesar de las conquistas realizadas en África en tiempo de los Reyes Católicos y del cardenal Cisneros, el peligro de la piratería era constante. Carlos V cambió la política española de conquista y evangelización en el norte de África por otra de pactos amistosos y una actitud defensiva para mantener la integridad de las poblaciones españolas e italianas.

Además de la plaza de Rodas, Solimán obtuvo rédito de sus expediciones con el apoyo de Haradín Barbarroja, incansable pirata africano. Desde Argel, refugio de los piratas berberiscos, Solimán fue eliminando las fortalezas españolas del norte de África. Los corsarios de Argel realizaron en 1529 una expedición hacia la costa valenciana, donde contaron con la ayuda de los moriscos y el botín más lucrativo eran los cautivos. Carlos V había extendido el decreto de conversión forzosa de los moros castellanos en 1502 al territorio de Valencia como acción de gracias por la victoria de Pavía.

Barbarroja, nombrado por Solimán almirante, se apoderó de Túnez —cuyo rey debía pleitesía a

España— en 1534 y desde esa posición amenazó las costas de Orán y los dominios mediterráneos de Carlos. Este inició la ofensiva y gracias a su almirante Andrea Doria se apoderó de forma poco duradera de Patrás y Corón, en la costa de Morea, desde donde se podía impedir el paso de piratas procedentes del Mediterráneo oriental. Los genoveses llevaron a cabo una labor decisiva en el manejo de las flotas imperiales a partir de 1530.

Carlos reunió apresuradamente en 1535 una escuadra de quinientos barcos y treinta mil hombres en Barcelona y se dirigió contra Túnez, tomada por Barbarroja. Las tropas españolas e italianas contaron con la ayuda de Juan III de Portugal, primo hermano y cuñado del emperador, que defendía los intereses portugueses en el norte de África. El emperador pasó revista al ejército el 14 de mayo de 1535 e insufló a los soldados un espíritu perdido de cruzada en la empresa que habían de acometer. La armada se hizo a la mar el 30 de mayo, sumó en Cagliari los barcos de Andrea Doria y del marqués del Vasto, jefes de expedición, y las galeras pontificias. La galera capitaneada por Doria llevaba doscientos cincuenta remeros y hasta cuatrocientos veinte barcos dejaron las costas de Cerdeña el 13 de junio. Carlos V se situó en el centro, protegido por el almirante Álvaro de Bazán. Al desembarco en las ruinas de Cartago le siguió un asedio largo y tortuoso por el calor y las tormentas.

Tras tomar el fuerte de La Goleta el 14 de julio, defendido por cuatrocientas piezas de artillería (algunas con la flor de lis de la monarquía francesa), Carlos entró triunfante unos días después en Túnez acompañado del infante don Luis de Portugal, hermano de la emperatriz Isabel; depuso a Huaroc para devolver el trono a Muley Hacem, vasallo del emperador; y liberó a unos dieciséis mil cautivos cristianos.

Jan Cornelisz Vermeyen, *La conquista de Túnez*. Palacio Real, Madrid. Este tapiz tejido en el siglo xviii sobre los cartones de Vermeyen, que sirvió como pintor e ingeniero al emperador en aquella jornada, refleja el asalto de las tropas de Carlos V al fuerte de La Goleta, que defendía la boca del puerto de Túnez, y su entrada triunfal en la ciudad.

Durante la tercera guerra con Francia, que se había aliado con los turcos, estos habían tomado la estratégica plaza de Castilnovo en 1539. Una vez terminado este enfrentamiento y aprovechando la tregua con Francia, Carlos decidió realizar una expedición contra Argel en 1541, pese a la recomendación de su experto almirante Andrea Doria de postergarlo, ya que era el equinoccio, propenso a las tormentas. El 13 de octubre se produjo el desembarco y el inicio del asedio. Una tempestad convirtió en lodo la tierra y rompió las amarras de los navíos, que chocaron entre sí o contra las rocas, y ocasionaron el naufragio de quince de las naves mayores y ciento cincuenta de las pequeñas. El ataque de los moros argelinos para impedir la retirada hizo que Carlos mostrara a los restos de su expedición sus dotes de capitán y soldado, alentándolos en la

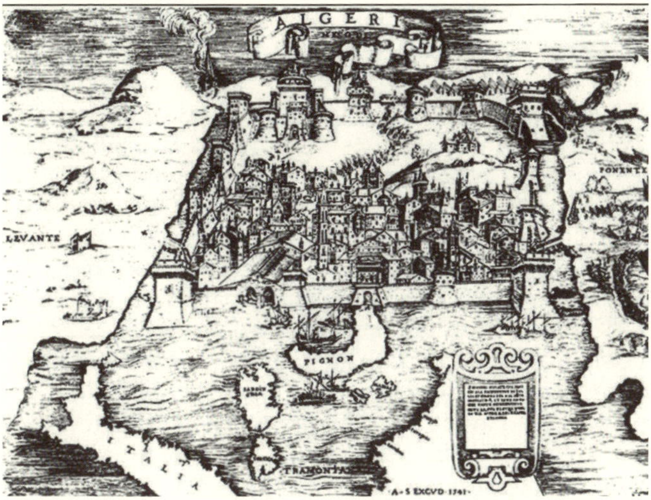

Vista de Argel en el siglo xvi (Niklas Meldeman, 1529). La campaña para conquistar Argel se fue postergando y la ayuda internacional también fue menguando. Génova replegó su flota en 1539 ante los turcos y Venecia había firmado con estos un año antes una paz por separado.

desgracia, comiendo lo mismo que ellos y sorteando los peligros desde la serenidad, sin flaquear. Así han transmitido las crónicas la actitud ejemplar del césar, pese a su temeridad inicial. Aunque con la mejora del tiempo Hernán Cortés, conquistador de México e integrante de la maltrecha expedición, sugirió volver a Argel para conquistarla, Carlos ordenó el reembarque y aún hubieron de afrontar más inclemencias que dispersaron la flota. El emperador se refugió en Bugía y desde allí llegó a Mallorca.

Como consecuencia del desastre argelino, Solimán el Magnífico quedó como dueño del Mediterráneo y la

Europa oriental. Todos los países balcánicos y gran parte de Hungría reconocían su vasallaje. Carlos V parecía haber fracasado en una de las aristas más constantes de su ejercicio político, la lucha contra los infieles. Tanto alemanes como franceses habían dado la espalda a las pretensiones imperiales de oposición a Solimán, cuando no habían sido directamente partícipes de sus triunfos de sus triunfos. Venecia, interesada en preservar su comercio y el abastecimiento de grano con el Levante mediterráneo, abandonó la liga creada junto a España y el papado en 1538. Los turcos, también debilitados por la guerra con Persia y la colaboración dubitativa de Francia, conquistaron Trípoli en 1541, aunque no alcanzaron nunca la supremacía naval en Occidente. Los piratas berberiscos y la conquista francesa de Córcega pusieron en peligro las comunicaciones entre España e Italia, una situación convulsa que heredaría y habría de resolver Felipe II en su reinado.

4

El gobierno interior y allende los mares

Consecuencias de la insurrección comunera

La interpretación de las Comunidades castellanas ha englobado dos tipos de categorías antagónicas. Unos especialistas ensalzan el movimiento como el epígono medieval de la defensa de los grupos privilegiados. Otro grupo de investigadores ha subrayado su carácter revolucionario y su naturaleza moderna por la coherencia de su discurso sobre la representación política, como ha expuesto José Antonio Maravall. La Junta era la institución que se ocuparía de la representación nacional, y no solo las ciudades con voto en Cortes. El fracaso comunero repercutió en el debilitamiento de la burguesía castellana, que no pudo competir contra el monopolio de Burgos y del extranjero. Por el contrario, destaca Joseph Pérez, la monarquía y la nobleza resultaron fortalecidas y sesgaron las opciones de prosperidad y libertad que ansiaban las ciudades, cimentando las bases de una monarquía autoritaria sobre valores nobiliarios y clericales.

El profesor David García Hernán expone cómo Carlos trató de incluir algunos de los planteamientos expuestos por los comuneros en sus acciones gubernativas, aunque no los compartiera. Pretendía realizar una reconciliación entre rey y reino. A pesar del delito de traición contra el rey, la represión contra los implicados trató de ser ejemplarizante con las ejecuciones de los principales cabecillas —hasta un total de veintiún ajusticiamientos de pena capital— y no se ensañó con todos sus participantes, que obtuvieron el perdón general. Carlos había pospuesto otros viajes a determinados territorios europeos que requerían su presencia por regresar a España en 1522 ante la conflictiva situación política que vivían los reinos peninsulares. Aprendió de forma apresurada el castellano y concertó, como le requerían las Cortes, su matrimonio con una princesa portuguesa.

No obstante, el movimiento comunero fue vigilado de cerca en años sucesivos al ser considerado de peligrosidad extrema. Carlos alcanzó España en 1522 acompañado de un ejército de cuatrocientos mercenarios alemanes, en una muestra de propaganda del poder real y su posición de dominio. Incluso durante el reinado de Felipe II aún se tenía en consideración a quienes habían participado en la insurrección para repartir mercedes entre los procuradores de las ciudades en las Cortes de Castilla, e incluso se miraba la posible descendencia de comuneros para que el monarca otorgara su confianza a determinados cargos.

Las Cortes ¿son necesarias?

Uno de los principios generales de las Comunidades era el de que las Cortes eran el órgano fundamental de Gobierno que se situaba por encima del rey. La Junta Santa pretendía que las Cortes integraran a tres procuradores de cada ciudad, representantes de los tres estamentos, y que se pudieran reunir sin convocatoria regia. Además, pretendían incluir entre sus competencias la actividad legislativa, las decisiones sobre política militar y la leva de impuestos. En estas coordenadas políticas de autoritarismo monárquico, auspiciado y fortalecido por los Reyes Católicos, el reino no podía mandar al rey. Era algo revolucionario. Una vez superada la rebelión, ¿el poder de las Cortes era representativo o más bien un mero protocolo de refrendos regios y cobro de servicios a cambio de algunos guiños de corte local?

Las Cortes de Castilla, tras la insurrección comunera, no mostraron oposición a los planteamientos generales del poder monárquico. En cambio, las Cortes de Aragón, celebradas en cada uno de sus territorios, y las generales sí ofrecían más cortapisas a los intereses de la monarquía; hemos de recordar la existencia también en Aragón de instituciones específicas, como la del justicia mayor de Aragón, que velaba por el cumplimiento de sus fueros y privilegios.

Las Cortes son una buena muestra para ejemplificar la evolución y transformación temporal de una institución que no ha tenido siempre la misma composición y las funciones que se le atribuyen desde el liberalismo parlamentario de la Edad Contemporánea. Evidentemente, solo los grupos sociales privilegiados y los representantes de las ciudades tenían derecho a asistir a las mismas, es una idea esencial. Su función, lejos de legislar junto a los monarcas, consistía en el refrendo

Mapa con las sedes de Cortes en la Corona de Castilla y en la Corona de Aragón en la primera mitad del siglo XVI. La convocatoria de las Cortes puede resultar un buen baremo para calibrar el poderío real absoluto de los monarcas. Durante el reinado de Carlos V no hubo excesivas reuniones de Cortes, cuya función no puede equipararse a la de los parlamentos contemporáneos.

político de algunas decisiones y en el pago de determinadas cantidades para sufragar conflictos militares en el exterior. Los servicios eran cantidades de dinero que las ciudades y villas de los territorios representados en Cortes otorgaban al monarca con fines recaudatorios

PLVS VLTRA

REPORTORIO VNIVERSAL
DE TODAS LAS LEYES DESTOS REYNOS DE CA
ſtilla, abreuiadas y reduzidas en forma de repertorio decisiuo, por
el doctor Hugo de Celso: enel q̃l, allẽde de las addictiones he
chas por los doctores Aguilera y Victoria, y por el licẽ-
ciado Hernando Diaz fiscal del consejo real.

AGORA nueuamente van añadidas mas de mil y trezientas leyes, y todas las prematicas y nueuas cortes de su Mageſtad, differenciadas por eſta ſeñal, Y corregido de muchos vicios que antes tenia, por el licenciado Andres Martinez de Burgos, vezino de Aſtorga. Dirigido al muy alto y muy poderoſo ſeñor don FELIPE Principe de Eſpaña, &c. Nueſtro ſeñor.

En Medina del Campo, por Iuan Maria da Terranoua, y Iacome de Liarcari.

1553.

Con preuilegio.

Eſta taſſado en. CCCC Marauedis.

El *Repertorio universal de todas las leyes de estos Reinos de Castilla* es obra de Hugo de Celso (1481-1544), continuadora de la tradición jurídica romana. Es un completo diccionario que recoge el conocimiento de la legislación castellana vigente. La edición del ejemplar de Medina del Campo, de 1553, incluye las disposiciones adoptadas en las Cortes de Valladolid de 1548.

para sufragar campañas bélicas. Las Cortes castellanas tenían la función de jurar a los reyes, aprobar los servicios y formular las peticiones por estamentos, y las Cortes aragonesas defendieron su ordenamiento legal, manteniendo una mayor autonomía, pero intervinieron poco en la política general de la monarquía.

Carlos V no convocó en exceso las reuniones de Cortes castellanas, que se mostraron a veces muy críticas con la gestión del emperador. En ocasiones, los cargos intermedios, como el corregidor de Valladolid, tenían muchas dificultades para conseguir que los procuradores votasen conforme a los deseos de Carlos V.

Por su parte, los territorios que pertenecían a la Corona de Aragón —los «reynos» de Aragón, Valencia y Cataluña— disponían de sus propias reuniones de Cortes, lo que permite exponer la evolución histórica de la administración territorial del Estado: Carlos V había heredado la división administrativa de sus abuelos, los Reyes Católicos, que habían unificado territorialmente las coronas castellana y aragonesa aunque cada una de ellas mantenía sus propias leyes, usos y costumbres.

> Después que el Emperador fue reçebido y jurado por rey en Valençia por los valençianos, se partió dende para la villa de Monçón a tener cortes ende a los tres reynos de Aragón, Valençia e Catalunia, conforme a la costumbre de aquellas naciones y reynos.
>
> Y durante estas cortes otra vez vino el rey darmas del rey de Françia [...] para hazer el casamiento del rey de Françia con la reyna doña Leonor, hermana del Emperador [...].
>
> Acavado aquellas cortes a sabor y voluntad de los del reyno de Aragón, Valençia y Catalunia, el emperador promulgó muchas leyes neçessarias

> a ellos y provechosas. En estas cortes aquellos reynos dieron y prometieron a su magestad de muy buena gana e voluntad muy grandes servicios y mucha quantidad de dineros, más que nunca a ningún rey se dio ni prometió.
>
> Cortes de Monzón, 1 de junio de 1528
> Nieto Soria, J. M. (2015: 225-226)

Las ciudades hispánicas en época carolina

Durante la Edad Moderna no había ciudadanos individuales, la desigualdad ante la ley era la característica esencial de la sociedad estamental. Los individuos se agrupaban como «actores colectivos» bajo el arbitraje de la potestad judicial del rey, como exponen los historiadores Floristán y Esteban. Las comunidades urbanas —ciudades, villas, lugares, tierras— se componían de familias y se regían por ordenanzas propias que les otorgaban autonomía para gestionar el gobierno municipal, además de los pertinentes privilegios reales. El monarca actuaba como salvaguarda de la paz en caso de conflicto.

Los gobiernos urbanos atendían las necesidades básicas de las ciudades: administración de los bienes comunes y baldíos, abastecimiento de alimentos, asuntos educativos y sanitarios, beneficencia y caridad, defensa, obras públicas, etc. Las ciudades tenían capacidad normativa a través de las ordenanzas, pero en el ámbito de la justicia el rey actuaba a través de intermediarios, los corregidores en Castilla y los tribunales reales en Navarra y Aragón. Estos vigilaban los sorteos de los cargos públicos, realizados por el procedimiento de insaculación: se introducían los nombres

La ciudad de Valladolid ya era sede del tribunal de la Chancillería y de la Inquisición a finales de la Edad Media.

de los posibles candidatos en un saco y se extraía uno al azar. En Castilla eran gobiernos más aristocráticos y en Aragón existía mayor presencia de representantes de la burguesía y los artesanos. El proceso de oligarquización creciente de los concejos se observa desde la Baja Edad Media, en especial en ciudades donde la nobleza territorial y la burguesía acomodada se asentaron y fueron acaparando esferas de poder.

En Castilla hubo en el siglo XVI entre sesenta y ochenta corregimientos que dependían del Consejo de Castilla. Entre sus atribuciones esenciales se encontraba el ejercicio de la justicia en asuntos civiles y criminales, el control administrativo y político de las ciudades con voto en Cortes, la vigilancia de ingresos y gastos, la inspección de pesos y medidas, la regulación

Las Cortes de Castilla allí reunidas en 1518 juraron como rey a Carlos V, y durante su reinado adquirieron gran importancia política, judicial y financiera.

de precios, el mantenimiento del orden público y moral y la defensa militar del territorio. También presidían las reuniones del regimiento para autorizar sus acuerdos.

En la corona de Aragón y Navarra el Gobierno era elegido por el método de insaculación: los oficios de alcaldes, jurados (equivalente a los regidores castellanos), síndicos (procuradores), el maestro racional (control financiero de la administración), el *mudalafe* (encargado de las pesas y medidas), etc. se renovaban anualmente. Para pertenecer a una bolsa u otra se esgrimían una serie de criterios: saber leer y escribir, dominar el castellano, poseer conocimientos económicos, ostentar la condición hidalga o pechera y el desempeño del estatus socio-profesional.

Madrid, precapital de la monarquía

La predilección de Carlos hacia Madrid como sede residencial de la corte estriba en varias razones. Antes de 1561, Madrid era uno de los núcleos preferidos por la realeza como sede temporal de su corte. Incluso durante el siglo xv, Madrid albergó diversas estancias de la corte de Juan II, Enrique IV y los Reyes Católicos, y fue sede de las reuniones de las Cortes castellanas, reunidas en la iglesia de San Salvador, ya que la villa era una de las diecisiete ciudades con voto. El reinado de Carlos V ha sido definido por algunos autores como el de «los preludios de capitalidad». Durante su reinado, distintos oficiales regios vivieron en Madrid entre 1517 y 1547; en especial, durante el trienio 1539-1542, Madrid fue sede temporal de la corte. Y también está constatada la presencia del propio emperador en la ciudad en numerosas ocasiones. El regidor Alonso Hurtado se dirigió hacia él en estos términos: «Muy mayor merçed haze su magestad a esta villa en hazer la casa [el alcázar] como la haze y en querer abitar en esta villa más que en otro pueblo».

La estrecha vinculación entre el regimiento que gobernaba el concejo madrileño y las instituciones monárquicas se fue acentuando. El carácter burocrático de esta relación era desempeñado por apellidos ilustres de la oligarquía madrileña desde la época de los Reyes Católicos, como Francisco Ramírez de Madrid, su esposa Beatriz Galindo o el secretario Cristóbal de Vitoria. Muchos regidores también eran contadores reales, como Alfonso Álvarez de Toledo. También hay indicios de la construcción de una cárcel de corte hacia 1541, la reestructuración del espacio circundante a Santa Cruz y el proyecto de una iglesia colegial, un año después, «por la frequentaçión que su

Dibujo expuesto en el Metropolitan Museum de Nueva York de Jan Cornelisz Vermeyen (h. 1534, antes de la ampliación realizada por Carlos V). Durante el conflicto de las Comunidades, Madrid fue fortificada con una muralla y un foso para proteger a los monárquicos. Una de sus puertas de acceso estaba en el lado este de la plaza, por donde sale el sol, y de ahí derivaría el nombre de Puerta del Sol; no obstante, esta teoría no está corroborada por la documentación histórica.

persona real e Corte tienen en esta villa», según apunta la documentación.

La presencia de la corte suponía un estímulo externo a la economía de Madrid, ya que como centro financiero lograba beneficios por la recaudación de tributos reales y albergaba a agentes de casas bancarias. Durante el reinado de Carlos V se pasó de una economía de villa a una economía de la corte; esta fortaleza financiera era equiparable a la proporcionada por las manufacturas y el artesanado (textil, construcción y artículos de lujo). Además, los banqueros de la corte y otros de influencia local captaban fondos particulares, eran arrendadores y actuaban como intermediarios en distintas transacciones.

La historiografía decimonónica acentuó la cesura de 1561 como parangón de la capitalidad del Estado liberal. Sus orígenes eran una ciudad ajena a la monarquía que había instaurado un modelo centralizado, el del primer monarca español de la dinastía austriaca. No ha interesado en exceso a los historiadores el reinado de un monarca extranjero y sin corte estable, pero se ha visto que existían armazones. Se suele contraponer el Madrid medieval a la ciudad moderna, pero esta —la capital del Estado moderno— no era posible sin una corte estable previa.

La elección de Madrid como capital de la monarquía hispánica responde a razones geográficas, por su posición como encrucijada de la comunicación peninsular y su facilidad de abastecimiento de agua y alimentos; políticas, por haber acogido como sede las Cortes, ser residencia habitual de la corte y considerarse una villa de poca relevancia debido a la inexistencia de un poder laico o religioso fuerte para hacer sombra a la corona (como los Mendoza en Guadalajara y el arzobispado en Toledo); económicas y financieras, como hemos expuesto; y lúdicas, con la existencia de varios espacios cercanos propicios para la caza y el esparcimiento.

Los Consejos Reales

La organización gubernativa en torno a consejos es obra de los Reyes Católicos, que redujeron el número de sus componentes e introdujeron una especializada burocracia para las principales funciones de la misma. Los consejeros ya no se elegían entre lo más granado de los estamentos nobiliario y eclesiástico, sino que eran juristas especializados en leyes políticas. Carlos V continuó las reformas y auspició estas comisiones administrativas como estandarte del gobierno Habsburgo.

El Consejo de Estado era un organismo honorífico formado por nobles del reino y oficiales que debían

Retrato de Rodrigo Vázquez de Arce (h. 1590), copia anónima de El Greco. Museo del Prado, Madrid. Este personaje, formado en leyes en la Universidad de Valladolid, fue miembro del Consejo de Castilla de Carlos V.

asesorar al monarca en asuntos políticos. Carlos V no confió en el desempeño de los nobles y, salvo un breve período en el que figuraron en él el duque de Alba y el duque de Béjar, fueron eclesiásticos y administradores sus integrantes. Carlos V no consultó con regularidad al Consejo Real, sino que se apoyaba en sus secretarios para asumir decisiones unipersonales. Por tanto, el Consejo de Estado careció de peso político y a veces aparecía como un Consejo de Guerra cuando se incorporaban a él militares.

Cada uno de los territorios que componían la monarquía disponía de su propio consejo, aunque estos se reunían allí donde estuviera el rey.

El Consejo de Castilla era una institución heredera del Consejo Real creado a finales del siglo xiv y su misión deriva del deber vasallático de *consilium et auxilium*, es decir, consejo y ayuda al señor. Carlos V completó la burocratización del Consejo de Castilla iniciada por Fernando e Isabel; redujo a ocho el número de consejeros y sustituyó la presencia de aristócratas por pequeños nobles y juristas. Desempeñaba funciones como tribunal de justicia, al hacerse cargo de las apelaciones de las audiencias, y como organismo administrativo, decidiendo sobre cuestiones de política interior y exterior.

El Consejo de Aragón, por su parte, también excluyó a la nobleza y tenía funciones legales y administrativas sobre los territorios levantinos. Disponía de una cancillería y una tesorería —ocupada esta, por encargo de Carlos V, por un castellano— muy organizadas. Se componía de un vicecanciller, un tesorero general, nueve consejeros y un notario.

Los asuntos italianos, tradicionalmente reservados a las competencias aragonesas, fueron encomendados a castellanos, que se ocuparon de la administración de

Nápoles y Milán. En 1555 se creó un Consejo específico a imagen del castellano.

El Consejo de Indias asumió las cuestiones relativas al continente americano desde 1524. Supervisaba la Casa de Contratación, proponía el desempeño de los principales cargos (virrey, generales, obispos), administraba justicia y controlaba el tráfico marítimo entre España y América. Entre sus integrantes figuraban un cosmógrafo y un cronista oficial que relataba los sucesos de las Indias.

Otros consejos estaban especializados en unas funciones determinadas, como el Consejo de la Inquisición, que actuaba en el conjunto de los territorios peninsulares y debía luchar contra las herejías y controlar la conversión sincera de los judíos. El Consejo de Hacienda administraba las finanzas e impuestos castellanos y fue asumiendo el suministro de recursos para las empresas bélicas del emperador; estaba compuesto por cuatro tribunales: el Consejo de Hacienda, el Tribunal de Millones, el Tribunal de Oidores y la Contaduría Mayor de Cuentas. También hubo otros consejos que se reunieron esporádicamente, como el de Órdenes Militares, el de la Cruzada y el de la Hermandad.

Los secretarios ¿primeros validos?

El procedimiento gubernativo a través de consejos era muy lento, confuso y farragoso, por lo que se necesitaba una gestión más eficaz. Carlos V se comunicaba con los consejos a través de sus secretarios, que fueron una pieza clave en el gobierno de los Habsburgo. Algunos especialistas apuntan que los secretarios se pueden considerar los primeros validos, aunque no asumieran tanto poder político ni fáctico como durante el siglo XVII.

Jan Gossaert, *Retrato de Francisco de los Cobos* (h. 1530). The Getty Center, Los Ángeles. Cobos es considerado como el creador de la burocracia de los Habsburgo. Preparó un equipo de profesionales de la administración, como su sobrino Juan Vázquez de Molina, Gonzalo Pérez y Francisco de Eraso. No había segundones de la nobleza ni hombres de formación universitaria, sino que pertenecían a las oligarquías urbanas y tenían un afán de promoción social y económica facilitado por las redes de clientelas familiares y protectoras. Cobos, como secretario de Estado, aparentemente no estuvo preocupado por la dimensión imperial de Carlos V ni por las vicisitudes religiosas de su época, sino que se dedicó pragmáticamente a las cuestiones referidas a España.

Las secretarías del emperador tenían una distribución territorial, Castilla y Aragón eran las más importantes y presentaban dos modelos distintos de administración. En Aragón, el vicecanciller refrendaba todos los documentos reales y era asistido por un protonotario que gestionaba las tres secretarías existentes. En Castilla, los secretarios eran el nexo de comunicación entre emperador y Consejo, gozaban de gran autoridad respecto al Consejo y redactaban todos los documentos reales con su equipo de ayudantes.

Entre los secretarios de Estado que alcanzaron gran relevancia destacó Francisco de los Cobos (1477-1547). De orígenes humildes, en 1516 se convirtió en secretario real y desde 1523 controló el Consejo de Hacienda y fue miembro del resto de consejos. Cobos rivalizó con el canciller Gattinara por el control de los resortes gubernativos, pero logró consolidarse en su responsabilidad política con la confianza del emperador. En 1530, Nicolás Perrenot, señor de Granvela, sustituyó a Gattinara como principal consejero en los asuntos exteriores y se convirtió en el segundo gran apoyo de Carlos. Cobos se encargó principalmente de los asuntos de Castilla, e incluso cuando el emperador partió hacia los Países Bajos en 1539 no lo acompañó para reordenar el caos financiero castellano. Más adelante, quedaría, junto al arzobispo Tavera y el duque de Alba, como consejero del príncipe Felipe hasta su muerte en 1547. En los asuntos aragoneses no se inmiscuyó, salvo para controlar los asuntos de Nápoles y Sicilia, territorios que quería considerar españoles y no solo aragoneses.

Los secretarios examinaban la correspondencia y la remitían al emperador o al consejo pertinente. Cobos, salvo los asuntos internacionales, no la leía personalmente y delegaba las decisiones en el secretario que preparaba la firma. La burocracia de unos territorios tan amplios y diversos era muy lenta y, además, había de combatir los intereses e influencias internas del acaparamiento de los cargos en beneficio de un secretario, como fue el caso también de Cobos. En la *Instrucción secreta* que el emperador envió a su hijo en 1543 le advertía que se cuidara de los bandos y no quedase en manos solo de uno de ellos.

Carlos V y la Corona de Aragón

Castilla lideró la hispanización de la monarquía de Carlos V al ser denominada la «cabeza de todos los restantes reinos» en las Cortes de 1523, y contribuyó más en las necesidades económicas y financieras que el resto de territorios. Los territorios aragoneses se aferraron a sus fueros y a su imbricada situación institucional —se habla del pactismo entre rey y reino desde la Baja Edad Media— para aparecer en un segundo plano colaborativo. En las Cortes comenzadas en Zaragoza en mayo de 1518, Carlos obtuvo la fidelidad de la corona de Aragón, aunque la mitad de los subsidios otorgados por Castilla.

El principado de Cataluña se mantuvo alejado de los alzamientos de las Comunidades y las Germanías. Algunos autores han resaltado cierta predilección de Carlos V por Cataluña, a la que viajó en once ocasiones y en la que permaneció en estancias de meses e incluso un año. En 1519, al llegar por primera vez a Barcelona, ocurrió el episodio del toisón de oro y la elección al imperio, ya recogidos en capítulos anteriores. Ello dejaba en un lugar óptimo a la Corona de Aragón dentro de los territorios peninsulares. Diez años después, cuando se organizaba su viaje a Italia para coronarse emperador en Bolonia, estuvo tres meses. En 1535, con motivo de la campaña militar contra Túnez, permaneció dos meses

Vista de Barcelona en un grabado de Jan Cornelisz Vermeyen (h. 1535). Carlos, tras cuatro años de ausencia, se reencontró en Barcelona con la emperatriz Isabel y con sus hijos Felipe y María.

en Barcelona preparando su ofensiva contra Barbarroja. En esta época el itinerario regio fue muy habitual entre la villa de Monzón, sede frecuente de las Cortes, y Barcelona.

En 1538 el emperador ordena sus fortificaciones en la frontera ante el temor a un posible conflicto con Francia y despliega su actividad diplomática. En 1542 Felipe fue jurado como príncipe heredero en Barcelona y, en las instrucciones políticas y confidenciales a Felipe, realizadas en Palamós en 1543, Carlos, aprestándose para su marcha al imperio, ya le avisaba de que «más presto podriades desherrar en esta gobernación [Cataluña] que en la de Castilla, así por ser los fueros y constituciones tales, como porque sus pasiones no son menores que las de otros y ósanlas más mostrar y tienen más disculpas y hay menos manera de poderlas averiguar y castigar».

En el ayuntamiento de Tarazona (Zaragoza) se talló un friso que reproduce la comitiva de Carlos V tras su coronación imperial en 1530 y en el que este aparece acompañado del papa, en Bolonia.

En época de Carlos V la Audiencia adquiere su perfil institucional como órgano supremo y universal de la administración de justicia, que ejercía sus funciones en nombre del rey en los tres territorios de la Corona de Aragón. Desde Barcelona, Carlos V ordenó la presidencia del virrey en la Audiencia y, en 1547, se dispuso que la Audiencia contara con un espacio en el palacio real de la ciudad. Por su parte, el *Reparo del Consejo del Justicia de Aragón* de las Cortes de 1528 despojó el carácter personal de esta magistratura de origen medieval lo que dio paso a un órgano colegiado compuesto por cinco lugartenencias.

A modo de friso romano historiado, recoge escenas interesantes sobre la organización festiva y militar del evento, así como cuestiones cotidianas relativas a la indumentaria de distintos grupos sociales o a los preparativos de la fiesta.

Carlos V y América

Carlos V halló bajo su dominio un vastísimo territorio ignoto para los europeos: América. Las conquistas iniciales realizadas por Cristóbal Colón y otros navegantes bajo el auspicio castellano sumaron, durante el gobierno del césar, nuevas tierras, grandes imperios precolombinos: el azteca, conquistado por Hernán Cortés entre 1518 y 1521, de más de medio millón de kilómetros cuadrados, y el inca, por Francisco Pizarro entre 1532 y 1533, con casi dos millones de kilómetros cuadrados. Otras conquistas llevaron a los españoles, con gran dificultad, a Chile y a territorios del Amazonas. Además, la expedición capitaneada por Miguel de Magallanes y Juan Sebastián de Elcano realizaba la primera vuelta al mundo y certificaba empíricamente la esfericidad de la Tierra.

Pese a todo, Carlos nunca llegó a comprender la importancia de lo que ese magno continente podía ofrecerle. De hecho, parecía en ocasiones desdeñar las noticias que llegaban de ultramar y su preocupación acerca de las Indias occidentales fue obtener el mayor rendimiento de ellas para sufragar sus múltiples empresas europeas. Felipe II sí dio prioridad a la gestión institucional y defensa de los enormes territorios americanos.

Las Indias siempre estuvieron en el horizonte del emperador, y la conquista y colonización de los territorios americanos supuso una empresa cultural sin parangón y un ingreso económico permanente. El Consejo de Indias se creó en 1524 como un tribunal supremo y órgano de Gobierno para América, un lugar que ni los señores del consejo ni el monarca habían pisado nunca. El comercio entre España y América durante el gobierno de los Austrias fue de un volumen cuantificable como el más importante de la época. Desde la década de 1520 la llegada de oro (unos cuarenta mil kilos al año) y plata (hasta doscientos setenta mil kilos) fue en constante aumento. Hubo consecuencias en múltiples aspectos, como la introducción europea de la patata y su incidencia positiva en las recurrentes crisis alimenticias o la inflación generada por la revolución de los precios que produjo la llegada del metal precioso americano.

La dimensión religiosa y cultural es otra de las cuestiones más destacables, con el espíritu misionero y educativo hacia los nuevos súbditos de la monarquía hispánica. Los españoles dominaron vastos espacios con diferentes climas y relieves, y se expusieron a enfermedades desconocidas y al enfrentamiento con

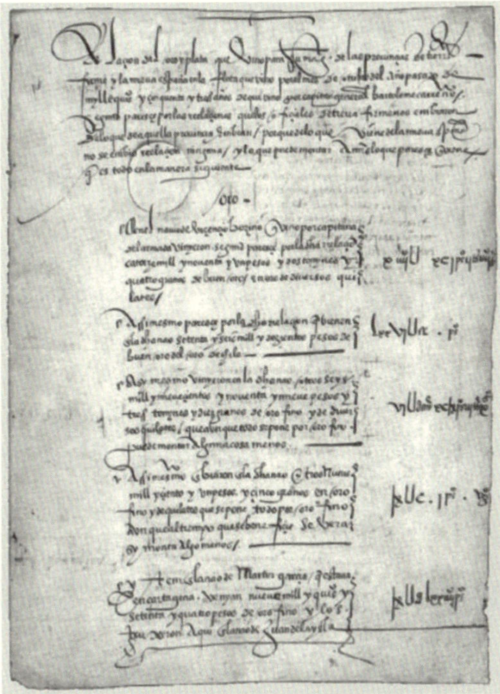

Relación de oro y plata procedente de la flota de Tierra Firme y Nueva España en 1553, Sevilla, 9 enero 1554, Archivo General de Simancas, Contadurías Generales, leg. 3053.

los indígenas. El maltrato hacia estos o su desaparición por la transmisión de la viruela o la gripe son parte de las consecuencias negativas de la conquista española. En la corte de Carlos V hubo cierto debate paternalista por los problemas sociales de los nativos y la posibilidad de que recibieran un mejor trato. ¿Qué derecho podía tener la monarquía de invadir los territorios americanos

Mapa de la conquista de los imperios azteca e inca. El dominio efectivo de los imperios precolombinos, logrado con aparente rapidez, proporcionó grandes beneficios a Carlos V.

y subyugar a los nativos? El sistema de encomiendas, por el que los indígenas trabajaban las tierras para los colonos conquistadores sin un salario y en condiciones penosas, era una explotación esclavista, en especial durante la etapa antillana.

Tanto castellanos como portugueses acometieron la era de los descubrimientos desde una posición de gran

Hernán Cortés recibido por Moctezuma, emperador de los aztecas, en la gran Tenochtitlán, acompañado de la Malinche, esposa de Cortés, que hacía de intérprete.

conocimiento técnico de la navegación, abandonando el cabotaje y profundizando en las aguas oceánicas con las carabelas. Sin duda el respaldo institucional y militar ayudó a Castilla a poder acometer la aventura americana y a acceder a los créditos para sufragarla, algo que pocos Estados tenían a su alcance. Estas cuestiones resultaron clave para realizar con éxito la conquista de espacios demográficos complejos, como los imperios azteca e inca, a pesar de su nivel tecnológico inferior respecto a las armas. ¿Cómo un reducido grupo de españoles pudo dominar un espacio tan amplio y con una organización estable en los aspectos político y militar?

Los enfrentamientos con los indígenas del Nuevo Mundo estaban mediatizados por la concepción religiosa que tenían de la guerra. Los aztecas capturaban prisioneros para luego sacrificarlos y los chamanes eran los guías que indicaban qué movimientos realizar a partir de la interpretación de los signos de la naturaleza. Incluso el azteca Moctezuma pensó que los españoles eran enviados del dios Quetzalcóatl por su barba y su tez pálida. Los europeos pensaban, en cambio, en la aniquilación del enemigo y en la captura de sus cabecillas desarmados si las ingenuas negociaciones no prosperaban pacíficamente. El poderío de las armas europeas, incluido el caballo, tuvo un valor psicológico y material evidente. Los arcabuces emitían unos estruendos rayanos en lo mágico, lo que desconcertaba a los indígenas. La organización táctica y la eficacia de la caballería y la infantería bien pertrechadas de armaduras defensivas también fueron elementos favorables a los castellanos. Incluso se presentaron como los salvadores de aquellos otros pueblos indígenas aplastados por los imperios azteca e inca, que ayudaron a su vez a la conquista del espacio americano.

La conquista de Perú y Francisco Pizarro

1. Primeramente, doy licencia e facultad a vos, el dicho capitán Francisco Piçarro, para que por Nos, en nuestro nombre e de la Corona real de Castilla, podais continuar el dicho descobrimiento, conquista e población de la dicha provincia del Perú, fasta dozientas leguas de tierra

por la misma costa. Las quales dichas dozientas leguas comiençan desde el pueblo que en lengua de indios se dize Teninpulla y después le llamaste Santiago, fasta llegar al pueblo de Chincha, que puede aver las dichas dozientas leguas de costa poco más o menos.

2. Iten, entendiendo ser complidero al serviçio de Dios e nuestro, e por onrrar vuestra persona e por vos favorescer, prometemos de vos fazer nuestro governador e capitán general de toda la dicha provincia del Perú e tierras e pueblos que al presente ay e adelante oviere en todas las dichas dozientas leguas, por todos los días de vuestra vida, con salario de setecientas y veinte y cinco mili maravedís cada un año, contados desde el día que vos hiziéredes a la vela destos nuestros Reinos para continuar la dicha poblaçión y conquista, los quales vos han de ser pagados de las rentas e derechos a Nos pertenesçientes en la dicha tierra que ansí aveis de poblar. Del qual salario aveis de pagar, en cada un año, un alcalde mayor e diez escuderos e treinta peones e un médico e un boticario.

3. Otrosí, vos fazemos merced de título de nuestro adelantado de la dicha provinçia del Perú, e asimismo del oficio de alguazil mayor de ella, todo ello por los días de vuestra vida.

4. Otrosí, vos doy licencia para que, con paresçer e acuerdo de los dichos nuestros oficiales, podais fazer en las dichas tierras e provincias del Perú hasta quatro fortalezas, en las partes e lugares que más convenga, pareciendo a vos e a los dichos nuestros ofiçiales son nesçesarias para guarda y pacificación de la dicha tierra. E vos faré merced de la tenencia dellas, para vos e para dos herederos e subçesores vuestros, uno en pos de otro, con

salario de setenta y cinco mill maravedís en cada un año, por cada una de las dichas fortalezas que así estovieren fechas.

5. Otrosí, vos fazemos merced para ayuda a vuestra costa, de mill ducados en cada un año, por todos los días de vuestra vida, de las rentas de la dicha tierra.

6. Otrosí, es nuestra merced, acatando la buena vida y doctrina de la persona del dicho don Hernando de Luque, de le presentar a nuestro muy Santo Padre por obispo de la cibdad de Túmbez, que es en la dicha provincia e governación del Perú, con los límites e diócesis que por Nos, con abtoridad apostólica, le serán señalados. Y entre tanto que vienen las Bullas del dicho obispado, le fazemos protector universal de todos los indios de la dicha provincia, con salario de mill ducados en cada un año, pagados de nuestras rentas de la dicha tierra, entre tanto que ay diézmos eclesiásticos de que se pueda pagar.

8. Otrosí, fazemos merced al dicho capitán Diego de Almagro de la tenencia de la fortaleza que ay u oviere en la dicha cibdad de Túmbez, que es en la dicha provincia del Perú, con salario de cien mill maravedís cada un año, con mas dozientas mill maravedís en cada un año de ayuda de costa todo pagado de las dichas rentas de la dicha tierra, de las quales ha de gozar desde el día que vos el dicho Françisco Piçarro llegáredes a la dicha tierra, aunque el dicho capitán Almagro se quede en Panamá o en otra parte que le convenga. E le fazemos ome hijodalgo, para que goze de las honrras e preheminencías que los omes hijosdalgo pueden e deven gozar en todas las Indias, Islas e Tierra Firme del mar Océano.

Francisco Pizarro inició la conquista de Perú en 1531 y estableció allí un virreinato en 1542.

9. Otrosí, mandamos que las haziendas e tierras e solares que teneis en Tierra Firme, llamada Castilla del Oro, e vos están dadas como a vezinos dellas, las tengais e gozeis e hagais dello lo que quisiéredes y por bien toviéredes, conforme a lo que tenernos concedido e otorgado a los vezinos de la dicha Tierra Firme. E en lo que toca a los indios e naborias que teneis e vos están encomendados, es nuestra merced e voluntad e mandamos que los tengais e gozeis e sirvais dellos, e que no vos sean quitados ni removidos por el tiempo que nuestra voluntad fuere.

10. Otrosí, concedemos a los que fueren a poblar a la dicha tierra, que en los seis años primeros siguientes desde el día de la datta de esta en

adelante, que del oro que se cogiere en las minas nos paguen el diezmo; e complidos los dichos seis años paguen el noveno, e así, descendiendo en cada un año, hasta llegar al quinto.

16. Iten, acatando lo mucho que en servido en el dicho viaje e descubrimiento Bartolomé Ruiz e Cristóval de Peralta e Pedro de Candía e Domingo de Safaluce e Niculás de Rivera e Francisco de Qüellar e Alonso de Molina e Pedro Halcón e García de Gerez e Antón de Carrión e Alonso Brizeño e Martín de Paz e Juan de la Torre, e es nuestra merced e voluntad de les fazer merced a los que dellos no son hidalgos, que sean hidalgos notorios de solar conoscido en aquellas partes, y que en ellas y en todas las nuestras Indias, islas e tierra firme del Mar Océano, gozen de las prehe-minencias e libertades e otras cosas de que gozan e deben ser guardadas a los fijosdalgo notorios de solar conoscido destos nuestros Reinos.

17. Iten, vos hacemos merced de veinte e cinco yeguas y otros tantos cavallos, de las que Nos tenemos en la isla de Xamaica. E no las haviendo quando las pidiéredes, no seamos tenudo al pres-cio dellas, ni otra cosa por razón dellas.

19. Otrosí, vos daremos licencia, como por la presente vos la damos, para que destos nuestros Reinos o del Reino de Portugal e islas de Cabo Verde, o de donde vos o quien vuestro poder oviere quisiéredes e por bien tovíéredes, podais pasar e paseis a la dicha tierra de vuestra gover-nación cinqüenta esclavos negros, en que aya a lo menos el tercio hembras, libres de todos derechos a Nos pertenescientes, con tanto que si los dexá-redes, todos o partes dellos, en las islas Española, San Juan y Cuba e Santiago, o en Castilla del Oro, o en otra parte alguna los que dellos ansí

dexáredes sean perdidos o aplicados, e por la presente los aplicamos, a nuestra Cámara e Fisco.

20. Otrosí, que haremos merced y limosna al ospital que se hiziere en la dicha tierra, para ayuda al remedio de los pobres que a ella fueren, de cient mill maravedís, librados en las penas de la Cámara de la dicha tierra.

22. Otrosí, dezimos que mandaremos, y por la presente mandamos que ayan y residan en la cibdad de Panamá, o donde por vos fuere mandado, un carpintero e un calafate, e cada uno de ellos tenga de salario treinta mill maravedís en cada un año, dende que començaren a residir en la dicha cibdad o donde, como dicho es, vos le mandáredes. Los quales le mandaremos pagar por los nuestros oficiales de la dicha tierra de vuestra governación, quanto nuestra merced e voluntad fuere.

28. Y cumpliendo vos, el dicho capitán Francisco Piçarro, lo contenido en este asiento en todo lo que a vos toca e incumbe de guardar e cunplir, prometemos e vos aseguramos por nuestra palabra Real, que agora e de aquí adelante vos mandaremos guardar, y vos será guardado, todo lo que así vos concedemos e fazemos merced a vos e a los pobladores y tratantes en la dicha tierra. E para execución y cumplimiento dello vos mandaremos dar nuestras Cartas y Provisiones particulares que convengan e menester sean, obligandoos vos, el dicho capitán Piçarro, primeramente, ante escribano público, de guardar y cumplir lo contenido en este asiento que a vos toca, como dicho es.

Real Cédula que aprueba la capitulación concedida por Carlos V para la conquista y población del Perú, Toledo, 26 de julio de 1529

El dominico fray Bartolomé de Las Casas (1484-1566) dirigió sus alegatos en defensa de los nativos a Carlos V, a quien visitó en 1540 en Valladolid. Carlos V promulgó en 1542 las Leyes Nuevas por las que se prohibió la esclavitud de los indígenas, se suprimieron las encomiendas de servicio y las cuales mostraban el respeto del emperador al derecho natural. De las Casas recogió sus pensamientos pioneros sobre los derechos humanos en su obra *Brevísima relación de la destrucción de las Indias.*

La presencia española en América se prolongó durante varios siglos debido a la construcción de un sólido edificio político y administrativo, así como de sus componentes económicos, sociales y culturales. Los cargos y organismos institucionales se hicieron a semejanza de los castellanos pero adaptándolos a la situación americana. El poder atesorado por los virreyes, representantes del rey en aquellos territorios, apenas podía ser contestado por audiencias o ciudades. La economía se caracterizó por un modelo mercantilista orientado al monopolio comercial con la Casa de Contratación de Sevilla. Desde el punto de vista social, la convivencia entre españoles e indígenas dio lugar al mestizaje. El afán misionero y educativo de franciscanos y dominicos condujo, a mediados del siglo XVI, a la creación de doscientas escuelas en Nueva España y sesenta en Perú. Las órdenes religiosas se preocuparon del maltrato de los encomenderos a los indígenas.

5

Semblanza del emperador

Los cronistas carolinos

La cronística cumplía durante la Edad Media y la Edad Moderna una función propagandística política evidente. Más allá de la subjetividad inherente a esta tipología documental, que en ocasiones ha sido poco valorada además por la falta de aparato crítico y el amplio contenido literario-legendario de las crónicas, estas arrojan multitud de información sobre acontecimientos políticos, institucionales, fiscales, económicos, sociales, religiosos y mentales que pueden ser utilizados como ilustración fehaciente de la época tratada.

La cronística medieval ya se caracterizaba por el providencialismo como filosofía explicativa del acontecer histórico, visión que heredó la cronística imperial de época moderna. La intercesión de la gracia divina en los procesos históricos acompañó la gestación de una historiografía de tintes nacionalistas en muchos Estados europeos durante los siglos xvi y xvii. La cronística exaltaba de forma propagandística los grandes logros políticos de los reinados y de sus personajes principales, monarcas y guerreros fundamentalmente. En la Baja Edad Media recoge las grandes gestas bélicas de los reyes y emperadores, las reuniones de las Cortes, los enfrentamientos e intrigas palaciegas de los distintos bandos nobiliarios, los itinerarios regios…

El oficio de cronista, instaurado como funcionario real en el siglo xv, se fue politizando según los éxitos o fracasos políticos de los monarcas. El cronista era la persona que elaboraba el edificio de la historia oficial, con una amplia red de relaciones en la corte y con los linajes de mayor influencia política, por lo que reflejaron la historia de los grupos sociales dominantes. Antes de la unificación territorial de Castilla y Aragón, ya existía un proyecto castellano de escribir una historia general de España, objetivo que intentaron algunos cronistas durante los siglos de la Edad Moderna, como expone David García Hernán.

García Fuentes realiza un breve repaso de las aportaciones de los numerosos cronistas que cubrieron el período de reinado de Carlos V, aunque ninguno de ellos logró concretar todos los años del monarca Habsburgo. En él muestra cómo se convirtieron en protagonistas y testigos directos de los hechos durante los años de ejercicio en sus cargos:

- Fray Antonio de Guevara (1527-1544) fue un testigo de primera mano y abarcó todo el período de gobierno de Carlos V.
- Juan Ginés de Sepúlveda tenía un sentido histórico ciceroniano y escribió en latín su obra, editada en el siglo xviii.

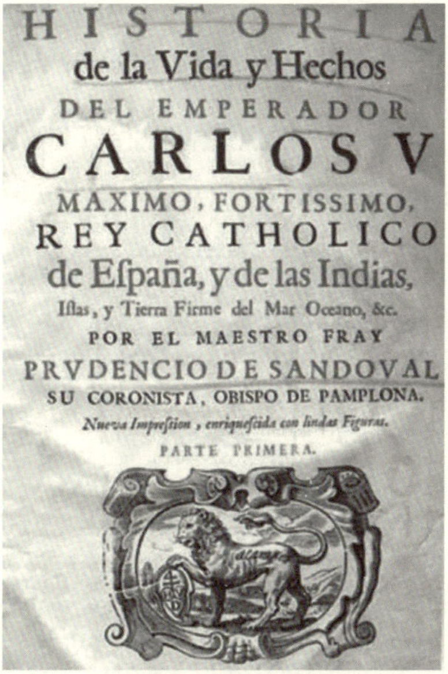

HISTORIA
de la Vida y Hechos
DEL EMPERADOR
CARLOS V
MAXIMO, FORTISSIMO,
REY CATHOLICO
de Eſpaña, y de las Indias,
Iſlas, y Tierra Firme del Mar Oceano, &c.
POR EL MAESTRO FRAY
PRVDENCIO DE SANDOVAL
SU CORONISTA, OBISPO DE PAMPLONA.
Nueva Impreſſion, enriqueſcida con lindas Figuras.
PARTE PRIMERA.

Edición de 1681 de la obra de fray Prudencio de Sandoval, *Historia de la vida y hechos del emperador Carlos V*. La objetividad, la imparcialidad y la reflexión crítica que deben aparecer en las obras historiográficas no se encuentran en la cronística, ya que esta suele responder a loas partidistas de un gobernante. No obstante, las crónicas sobre Carlos V son documentos muy ricos en los aspectos políticos, institucionales y militares.

- Florián de Ocampo (1539) prosiguió la historiografía fabulosa medieval, no renovó las fuentes.
- Pedro Mejía (1548-1551) imitaba a Salustio y Tito Livio. No era testigo directo sino que redactaba con fuentes indirectas, pero en cambio aportaba un modelo metodológico porque interpretaba los hechos.

- Bernabé de Busto (1546) relata la guerra de Esmalcalda y ofrece una breve historia de la Reforma protestante.
- Juan Páez de Castro no elaboró obras, pero sí redactó un *Memorial* a Carlos V en 1555, quedó inédito.

Otras crónicas posteriores fueron las de Padilla, Alonso de Santa Cruz, Ambrosio Morales y fray Prudencio de Sandoval, que adquirió fama en el siglo XVII y siguió el tratado de Pedro Mejía, mostrando de forma completa la vida del emperador.

La historiografía contemporánea

Durante el siglo XIX la atención historiográfica hacia la figura del emperador fue escasa, se le trataba como un monarca «distante y extranjero», en palabras de José Martínez Millán. Se estudiaban otros personajes relevantes o hechos de su época, pero no su figura. Ello responde a la construcción de la imagen nacional de la trayectoria histórica de España, iniciada durante el reinado de Isabel II por historiadores liberales que perseguían la unión del Estado-nación, y la idea imperial no encajaba en la del Estado centralizado que ellos defendían. El moderado Modesto Lafuente exponía que, a medida que el emperador se alejó de la Península, la historia del emperador eclipsó a la del rey.

Los estudios sobre Carlos V en la Restauración, un sistema político ideado por Cánovas del Castillo basado en el entendimiento de las Cortes y la Corona, viraron hacia una aceptación exultante de la dinastía de los Austrias como máximo exponente de la historia de España. No obstante, su figura continuó sin atenderse en

Medalla de oro con la efigie de Carlos V (h. 1537). Museo Arqueológico Nacional, Madrid. La figura de Carlos V fue minusvalorada por la historiografía conservadora del siglo XIX por su condición de extranjero y por su comparación negativa con el período de los Reyes Católicos.

demasía hasta que empezó a tejerse una relación entre archiveros e historiadores españoles e investigadores extranjeros. La idea de nación propuesta por el regeneracionismo condujo a la idea de imperio, una forma política supraestatal que se contextualizaba en España con la crisis del régimen monárquico y la instauración de la Segunda República. Ramón Menéndez Pidal apuntaba en 1937 la hispanidad de la idea imperial de Carlos V y su decidida defensa de la fe católica. Se reconducía el período de Carlos como una continuidad de las ideas políticas de Isabel y Fernando.

La conmemoración del IV centenario de la muerte de Carlos V (1958) ayudó a profundizar en diferentes aspectos de su reinado. Los conceptos que chocan en este momento son el de «universalismo» implícito de la idea de imperio y la gestación renacentista del «Estado moderno». Rassow y Maravall expusieron estas contradicciones. Vicens Vives denunciaba la desaparición de la Corona de Aragón como entidad política desde la unión institucional de los Reyes Católicos, pese a que mantuvo su realidad social y jurídica de forma manifiesta; y ahondaba en la perspectiva mediterránea que tuvieron muchas de las empresas militares carolinas.

Muchos especialistas se han acercado a la realidad político-administrativa del imperio a partir de cada territorio o reino bajo el dominio de Carlos V, encuadrados en la política dinástica y la pugna Valois-Habsburgo. Las unidades políticas del siglo XVI se ordenaban y organizaban de forma distinta a nuestros ojos a la forma en la que lo hacen los Estados contemporáneos: el poder emanaba y se estructuraba en torno a la corte y sus servidores. Esta visión ha sido la imperante en los últimos decenios de investigación sobre el reinado de Carlos V, que, de forma paralela, se ha atomizado temáticamente de forma ingente, en especial por el impulso y revisionismo historiográfico del V centenario de su nacimiento (2000). Los trabajos de Manuel Fernández Álvarez, entre otros muchos especialistas, son claves para la comprensión de la figura de Carlos V y su época.

¿Una juventud feliz?

Fernando el Católico quiso que su nieto Carlos, como heredero, se educara en los reinos españoles, pero su crianza se encomendó a su tía Margarita, viuda del príncipe don Juan, en Flandes. Margarita había sido nombrada por el emperador Maximiliano de Austria como gobernadora de los Países Bajos a la muerte de Felipe el Hermoso. La educación de Carlos fue desempeñada por maestros como Adriano de Utretch, deán de San Pablo de Lovaina, que llegaría a ser papa.

En Castilla Carlos concluyó su formación con el mariscal Guillermo de Croy, señor de Chièvres, que dirigía el partido borgoñón flamenco. El cronista Sandoval recoge las inclinaciones del duque más proclives al uso de las armas que de las letras:

> Quisiera Adriano que el duque se aficionara a las letras, y, por lo menos, que supiera la lengua latina; pero el duque más se inclinaba a las armas, caballos y cosas de guerra. Y así, cuando ya era Emperador, dando audiencia a los embajadores, como le hablaban en latín y él no lo entendía ni podía responderles se dolía de no haber querido en su niñez hacer lo que su maestro Adriano le aconsejaba. Culpan en esto a Guillelmo de Croy, señor de Xevres, su ayo, que por hacerse muy dueño del niño y ganarlo para sí solo le quitaba los libros y ocupaba en armas y caballos, que sería bien fácil por ser más inclinada aquella edad a estos ejercicios que a las letras. Hacía que leyese las historias españolas y francesas, escritas en las proprias lenguas y con el mal estilo que las antiguas tienen. Lo uno porque supiese los hechos de sus pasados en paz y en guerra; lo otro porque este caballero entendía poco la elegancia y primor de las historias latinas: que ninguno ama lo que no entiende. Supo bien el duque Carlos las lenguas flamenca y francesa, alemana, italiana, y mal la española hasta que fue hombre. Entendió algo de la latina. Los ejercicios de su juventud, demás de las armas, eran luchas, pruebas de fuerzas, juego de pelota y la caza, y todo lo que hace ágil y habilita un cuerpo para el uso de las armas y guerra.
>
> Fray Prudencio de Sandoval, *Historia de la vida y hechos del Emperador Carlos V*

Retrato de Carlos V, Bernard van Orley (circa 1491).
Musée municipal de Bourg-en-Bresse.

Los relatos muestran a un joven algo suspenso, comedido e inseguro, por la conciencia del enorme peso que debía sostener. Su mandíbula inferior era desmesuradamente grande y las adherencias en las vías respiratorias le obligaban a mantener la boca abierta con frecuencia, aunque él mismo se burlaba de ello. Carlos fue un aficionado a la caza, le gustaba la lucha y formaba parte de torneos caballerescos como experto jinete. La Orden del Toisón le echó en cara que de forma habitual se expusiera a los peligros de la lucha en primera línea de combate.

Un joven Carlos de diecisiete años, encomendado a la tarea por su abuelo Fernando el Católico, cuidó de su viuda Germana de Foix, de veintinueve años. Los encuentros entre ambos fueron recurrentes en Valladolid, donde parece ser que se construyó un puente entre el palacio del rey y la casa de la reina viuda, según relata Fernández Álvarez. Germana de Foix acompañó a Carlos en su primer viaje por la corona de Aragón y le ayudó en las tensas relaciones con la nobleza aragonesa. Este amorío fue resuelto con los matrimonios de Germana con el marqués de Brandenburgo, del séquito regio y vinculado a un elector imperial, en 1519, y con el duque de Calabria en 1526.

Formación política y religiosa

Los Habsburgo eran profundamente religiosos y Carlos consideró su convicción católica como la premisa esencial de su acción política y militar en Europa. En 1521 anticipaba que defendería la cristiandad «empleando para ello mis reinos, mis amigos, mi cuerpo, mi sangre, mi vida y mi alma». Intervino contra el imperio de la media luna con un plan defensivo, especialmente en Viena y el norte de África.

El ideal de cruzada por recuperar los santos lugares de Jerusalén se había mitigado, pero de alguna forma se empuñaba la superioridad intelectual occidental a ojos de sus contemporáneos: había conciencia del despegue cultural occidental frente al estancamiento oriental. El ideal de superioridad universal del imperio no era más que mero recuerdo de siglos pasados, ya que la realidad era, en palabras de Domínguez Ortíz, «una vasta confederación de Estados pequeños e independientes sin instituciones comunes en plena decadencia ideológica y material». El emperador guerreó continuamente pero era un pacifista convencido: «Como quiera que la paz sea cosa tan buena y loable y lo que siempre yo he pretendido por escusar los grandes daños que de lo contrario se han seguido».

Castilla estaba en una coyuntura favorable por la estabilidad en Italia y por la expansión territorial debida al descubrimiento y conquista de América. Pero Carlos no alimentó la utopía de la monarquía universal que abrazaría su hijo Felipe II al entroncar Portugal y ocupar territorios asiáticos como Filipinas. De hecho, ¡Carlos ni mencionaba en su testamento las Indias que tan pingües beneficios le habían otorgado!

El emperador, tras la obstinación luterana en Worms en 1521, escribió de su puño en lengua tudesca una carta en defensa de la fe cristiana:

> Vosotros sabéis que yo diciendo de los Emperadores cristianísimos de la noble nación de Alemania, y de los Reyes Católicos de España, y de los archiduques de Austria y duques de Borgoña. Los cuales fueron hasta la muerte hijos fieles de la Santa Iglesia Romana, y han sido todos ellos defensores de la fe católica y sacros cánones, decretos y ordenamientos y loables costumbres, para la honra de Dios y aumento de la fe católica y salud de las almas. Después de la muerte, por derecho natural y hereditario, nos han dejado las dichas santas observancias católicas, para vivir y morir en ellas a su ejemplo. Las cuales, como verdadero imitador de los dichos nuestros predecesores, habemos, por la gracia de Dios, guardado hasta agora. Y a esta causa yo estoy determinado de las guardar, según que mis predecesores y yo las habemos guardado hasta este tiempo; especialmente lo que ha sido ordenado por los dichos mis predecesores, ansí en el Concilio de Constancia como en otros. Las cuales son ciertas, y gran vergüenza

y afrenta nuestra que un solo fraile contra Dios, errado en su opinión, contra toda la cristiandad, así del tiempo pasado de mil años ha, y más como del presente, nos quiera pervertir y hacer conocer según su opinión que toda la dicha cristiandad sería y habría estado todas horas en error. Por lo cual yo estoy determinado de emplear mis reinos y señoríos, mis amigos, mi cuerpo, mi sangre, mi vida y mi alma; porque sería gran vergüenza a mí y a vosotros, que sois la noble y muy nombrada nación de Alemania, y que somos por privilegio y preeminencia singular instituidos defensores y protectores de la fe católica, que en nuestros tiempos no solamente herejía, mas ni suspición de ella, ni disminución de la religión cristiana, por nuestra negligencia en nosotros se sintiese, y que después de Nos quedase en los corazones de los hombres para nuestra perpetua deshonra y daño y de nuestros sucesores. Ya oíste la respuesta pertinaz que Lutero dio ayer en presencia de todos vosotros. Yo os digo que me arrepiento de haber tanto dilatado de proceder contra el dicho Lutero y su falsa doctrina. Estoy deliberando de no le oír hablar más, y entiendo juntamente dar forma en mandar que sea tornado, guardando el tenor de su salvoconducto, sin le preguntar ni amonestar más de su malvada doctrina, y sin procurar que algún mandamiento se haga de como suso es dicho, e soy deliberado de me conducir y procurar contra él como contra notorio hereje. Y requiero que vosotros os declaréis en este hecho como buenos cristianos, y que sois tenidos de lo hacer como me lo habéis prometido.

Hecho en Worms a 19 de abril de 1521. De mi mano.

Yo, el rey

Carlos V, prototipo de monarca religioso y piadoso, trató en vano de volver a unir a viejos y nuevos creyentes cristianos tras la Dieta de Worms.

Carlos se mostraba un hombre profundamente religioso y piadoso, influenciado por su preceptor Adriano de Utrecht, con una meditación obsesiva sobre la muerte. Carlos leía una oración antes de ir a dormir y llegó a escribir varias oraciones que eran traducidas al latín por su camarero Guillermo de Male. Tenía costumbre de oír dos misas diarias y aprendió latín para leer la Vulgata. Su atracción por los salmos y sus retiros monásticos —como el que realizó en Abrojo, cerca de Valladolid— reflejan la tradición devota y meditativa de las reglas de san Ignacio de Loyola. Era hombre modesto, nada vanidoso y orgulloso, que llevaba una vida austera y era sobrio en el vestido, aunque algunos historiadores como Ranke remarcan su ego y su afán de reconocimiento militar que perpetuara la fama de su dinastía.

Tras la vuelta de su viaje a África y la muerte de su esposa, fue habitual el retiro conventual del emperador para buscar místicamente a la divinidad en el convento jerónimo de Santa María de la Sisla, cerca de Toledo. Según la opinión de algunos especialistas, las pinturas del Bosco y su visión alegórica del hombre influyeron en su subconsciente piadoso.

El jesuita san Francisco de Borja influyó también en el emperador desde 1534 en adelante. La hija del emperador, Juana, tuvo gran trato espiritual con Francisco de Borja, lo que la llevó a construir con sus inclinaciones místicas el monasterio de la Descalzas Reales de Madrid, en el lugar donde estuvo el palacio en el que nació la infanta.

HACIA EL TÁLAMO CRISTIANO

El enlace entre Carlos V e Isabel de Portugal tuvo lugar en Sevilla el 11 de marzo de 1526, según Alonso de Santa Cruz «por causa de ir a visitar el Reino de Andalucía». Aunque era un enlace político, Isabel aportó una cuantiosa dote (novecientas mil doblas de oro) que alivió la hacienda castellana, y el matrimonio entre ambos fue bien avenido. Isabel, nacida en 1503 en Lisboa, tuvo una educación completa, estudió latín, francés, castellano e inglés; también poseía conocimientos sobre música y ciencias y era profundamente religiosa. Isabel era la segundogénita de Manuel I de Portugal y de su segunda esposa, María de Aragón, tía de Carlos; por tanto, eran primos hermanos, y se necesitó la dispensa papal para el enlace, que continuaba la política de alianzas matrimoniales de los Reyes Católicos con la casa de Avís.

El matrimonio de Isabel y Carlos se negociaba entre la diplomacia portuguesa y castellana desde 1518. Las Cortes castellanas la consideraban una digna sucesora de su abuela Isabel La Católica. En 1522 el arzobispo de Toledo, Juan de Talavera, fue enviado por el emperador a Portugal para concretar un doble enlace, el del monarca Juan III con su hermana Catalina de Austria y el suyo con la princesa Isabel, aunque el Habsburgo no acababa de decidirse. Finalmente, el 17 de octubre de 1525 se firma el contrato matrimonial y el 1 de noviembre se celebra por poderes, mientras que el papa concedió la dispensa el 20 de enero de 1526. Carlos aportaba la cantidad de trescientas mil doblas de oro, logradas de la hipoteca de las villas jienenses de Úbeda, Baena y Andújar. Una comitiva en la que se encontraban el duque de Calabria, el arzobispo de Toledo y el duque de Béjar acompañó a Isabel desde la frontera de Portugal hasta Sevilla. En la ciudad se desplegaron hasta siete arcos de triunfo para recibir a la emperatriz, que se alojó en el Alcázar a la espera de la llegada de Carlos.

El cronista fray Prudencio de Sandoval repasa los principales nobles y eclesiásticos que los acompañaron y cómo transcurrió la jornada del casamiento:

> Ocho días después que la Emperatriz fue recibida en Sevilla, entró el Emperador, haciéndosele el mismo recibimiento y fiestas que a la Emperatriz. Entraron acompañando a Su Majestad el cardenal

Salviatis, legado del Papa, y don Fadrique de Toledo, duque de Alba; don Alvaro de Zúñiga, duque de Béjar; el prior de San Juan, don Diego de Toledo, y los marqueses de Moya y Villafranca, con otros muchos caballeros de título. Vino derecho a apearse a la iglesia mayor de Sevilla, y de ahí pasó a los alcázares, donde la Emperatriz le estaba esperando, acompañada de la duquesa de Medina Sidonia, doña Ana de Aragón, y de la marquesa de Cenete, mujer del conde Nasau, y de otras grandes señoras; la Emperatriz y todas ellas, vestidas riquísimamente.

Luego como el Emperador llegó, aquella misma noche los desposó por palabras de presente el cardenal legado en la cuadra grande, que llaman Media Naranja, en presencia de todos los perlados y grandes que allí habían venido. La Emperatriz pareció a todos una de las más hermosas del mundo, como a juicio de los que la vieron lo era, y se muestra en sus retratos. Llegada la hora de cenar, el Emperador y la Emperatriz se pasaron a cenar a sus aposentos; y después de media noche (queriéndolo ansí el Emperador por su honestidad y religión) fue aderezado un altar en una cámara del alcázar, y el arzobispo de Toledo, que para este efeto se había quedado, dijo allí la misa y los veló. Fueron sus padrinos el duque de Calabria y la condesa de Haro, que era una señora viuda, portuguesa, camarera de la Emperatriz.

Y acabada la misa, el arzobispo y el duque se fueron a dormir, y el Emperador y la Emperatriz se recogieron a su aposento, y así se celebró este casamiento muy en gracia y con alegría de todo el reino.

Fray Prudencio de Sandoval, *Historia de la vida y hechos del Emperador Carlos V*

A medianoche se aderezó un altar en la cámara de Isabel. Dijo misa y los veló el arzobispo de Toledo, a

Pedro Pablo Rubens, *El emperador Carlos V y la emperatriz Isabel de Portugal* (1628-1629), copia de un cuadro perdido de Tiziano. Colección de la Fundación Casa de Alba, Madrid. Carlos se comunicaba con su esposa en castellano, por lo que habló en esta lengua a sus hijos y fue adoptada por su casa y corte como vehículo de comunicación habitual.

pesar de ser Sábado de Pasión. Acabada la misa, pasó el emperador a su aposento: en tanto estaba «en su cámara, se acostó la emperatriz, é desque fue acostada, pasó el emperador á consumar el matrimonio como católico príncipe». En mayo, tras varios festejos interrumpidos por el luto guardado a Isabel, reina de Dinamarca y hermana del emperador, y por la celebración de la Semana Santa, salió la corte desde Sevilla hacia Granada, donde residieron por espacio de seis meses en el palacio de la Alhambra; allí fue concebido el príncipe Felipe, aunque este nació en Valladolid al año siguiente.

La figura de la emperatriz Isabel de Portugal

La emperatriz se identificaba con Castilla, en su paisaje, mentalidad y sociedad. Isabel no fue reina de España porque ese título estaba reservado a Juana la Loca, pero actuó como gobernadora de los reinos peninsulares durante los viajes europeos de Carlos. Isabel estuvo asesorada por el Consejo Real de Castilla, que estaba presidido por el cardenal Tavera, y el Consejo de Estado, encabezado por el cardenal Fonseca.

El epistolario del emperador con la emperatriz Isabel entre 1528 y 1530 es una fuente de gran valor por explicitar la opinión de los grupos sociales hispánicos ante la gestión universal del emperador. Carlos había dejado unos consejos sobre la gobernación de Castilla en su ausencia, recogidos por Álvar Ezquerra: el buen cuidado de la administración de justicia; la reunión con el Consejo Real se realizaba los viernes y a solas; la convocatoria del Consejo de Estado se reservaba para asuntos complejos sobre cuestiones que afectaran a la coordinación de lo hispano con los intereses imperiales; los demás consejos de Hacienda, Indias e Inquisición habían de mantener su actividad habitual. Entre las prohibiciones, señalaba la exclusiva provisión de determinados cargos y oficios que se reservaba para sí el emperador, y la imposibilidad de enajenar el patrimonio real.

Había una preocupación por los asuntos meridionales y levantinos, pero no por los cantábricos. La corte recorrió un itinerario meseteño, entre Valladolid, Tordesillas, Toledo y Ocaña. La acción de gobierno de la emperatriz fue estrictamente peninsular y casi anecdótica, periférica, para la magna empresa ecuménica de Carlos.

Así se dirige Carlos a su esposa desde Gante en 1531:

> A la Serenísima, muy alta y muy poderosa Emperatriz y Reina, mi muy cara y muy amada mujer.
>
> Hase dilatado la determinación de lo que este año he de hazer esperando que en lo del Concilio se tomase alguna buena resolución, porque desto depende el remedio de la Christiandad, en lo qual he fecho todas las diligencias posibles y necesarias. [...]
>
> Y pues esto se haze a mas no poder, y las causas son tan justas, yo le ruego muy afectuosamente se contente dello, y entretanto tenga mucho cuidado de su salud y trabaje en la buena gobernación, paz y quietud de esos Reinos como hasta aquí lo ha hecho. Y de mi parte hará saber a las ciudades y Grandes y prelados del Reino, por la manera que mejor le paresçiere, mi determinación y las causas que para ello tengo; que yo les tengo a todos por tan buenos y fieles súbditos y vasallos y servidores, que confío que harán en nuestro serbiçio lo que hasta agora.
>
> De Gante a XIII de junio de MDXXXI años.

La muerte de la emperatriz, el 1 de mayo de 1539, provocada por altas fiebres tras el parto de un niño muerto en el palacio de Fuensalida de Toledo, sumió en una depresión al emperador, que no volvería a contraer matrimonio. Carlos viajó desde Madrid y, desolado, solo pudo rezar por su alma durante horas a los pies de la cama de su amada esposa. Desde el monasterio jerónimo de la Sisla, en las cercanías de Toledo, donde permaneció por espacio de dos meses, ordenó a su hijo Felipe que presidiera la comitiva que debía trasladar los restos de Isabel hasta la Capilla Real de Granada,

Reliquia de Carlos V e Isabel de Portugal de la Capilla Real de Granada. Isabel era «blanca de rostro y de mirar honesto y de poca habla y baja; era alta, de cuerpo esbelto y caminar elegante; tenía cabello largo y castaño claro; los ojos grandes y negros, dulces y lánguidos; la boca pequeña y los labios delgados; la nariz aguileña; los pechos secos; de buenas manos con largos dedos; la garganta alta y hermosa. Era de su condición mansa y retraída más de lo que era menester. Honesta, callada, grave, devota, discreta y no entrometida», según Alonso de Santa Cruz. La emperatriz Isabel siempre estuvo al cuidado de sus hijos y cercana a su educación, en especial la del heredero y futuro Felipe II.

acompañado del caballerizo mayor de la emperatriz, Francisco de Borja, duque de Gandía. Aunque las cortes europeas daban por hecho que el emperador habría de casarse de nuevo, Carlos nunca lo hizo. Incluso los mandatarios de Francisco I y del papa Pablo III le propusieron desposar a la princesa Margarita, hija del rey francés, proposición que fue rehusada.

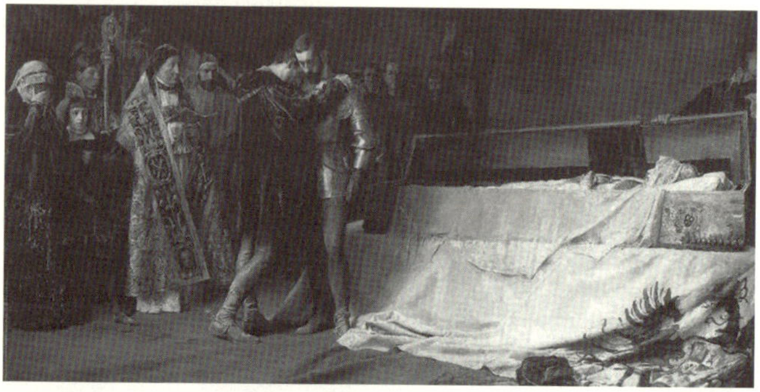

José Moreno Carbonero, *Conversión del duque de Gandía* (1884), Museo del Prado, Madrid. Este cuadro recrea la escena en la que Francisco de Borja y Aragón, marqués de Lombay y después IV duque de Gandía, renuncia al mundo tras contemplar el cuerpo inerte de la emperatriz Isabel de Portugal, en Granada. «No volveré a servir a quien se pueda morir», dijo Francisco de Borja, impresionado por el aspecto del cadáver de Isabel, cuya belleza tanto admiraba.

Hijos legítimos y naturales

Los hijos legítimos del matrimonio entre el emperador y la emperatriz fueron los siguientes:

El 21 de mayo de 1527 nació Felipe, que sucedería a su padre en el gobierno de sus territorios —salvo los del imperio—. En su primer parto, Isabel ordenó que se apagaran todos los candelabros de la habitación e hizo que le taparan la cara con un pañuelo para que los asistentes no observaran su sufrimiento, ya que trató de no gritar.

El 27 de junio de 1528 nació la infanta María de Austria, criada entre Toledo y Valladolid. Se casó con su primo Maximiliano II por indicación de su padre. Tuvo una amplia descendencia, quince hijos, entre los que destacan los futuros emperadores alemanes Rodolfo II y Matías.

El 22 de noviembre de 1529 nació Fernando, pero murió a los pocos días y esto provocó una fuerte depresión a la emperatriz.

El 24 de junio de 1535 nació la infanta Juana de Austria, que se casó con su primo Juan Manuel, hijo de Juan III de Portugal y su tía Catalina. Al quedar viuda se hizo cargo del gobierno en Madrid entre 1554 y 1559, y allí fundó el monasterio de las Descalzas Reales.

El 19 de octubre de 1536 nació el infante Juan, que murió a los cinco meses.

El 21 de abril de 1539 dio a luz a un niño muerto y el parto provocó la muerte de Isabel, que ya se encontraba muy débil.

La relación de Carlos con las mujeres fue la propia de un joven aristócrata sensible y refinado. Aunque se comenta que, para un príncipe, era costumbre borgoñesa mantenerse virgen hasta el matrimonio, Carlos tuvo una hija bastarda en Flandes y otra en Castilla, que murió niña, según recoge el cronista Santa Cruz.

Otra relación amorosa conocida del joven Carlos es la de Juana van der Gheynst, hija de un tapicero de Audenarde, en el tiempo posterior a la Dieta de Worms; fruto de ella nació Margarita de Austria, que fue duquesa de Parma al casar con Octavio Farnesio, nieto del papa Pablo III. Y, con una joven del entorno del conde de Nassau, Carlos tuvo otra hija natural en 1522, Juana de Austria, que apenas vivió tres años en el convento de Madrigal de las Altas Torres, lugar donde había nacido Isabel la Católica. Tadea, su cuarta hija, fue fruto de una relación con una joven viuda de Perugia, Ursolina della Penna.

Finalmente, el más conocido de sus hijos naturales es Juan de Austria, héroe de la batalla de Lepanto en 1571. Fue fruto de la relación con Bárbara Blomberg, una dama alemana que conoció cuando acudió a la Dieta de Ratisbona en 1546. Aunque recibió el nombre de Jerónimo o Jeromín para ocultar su origen, el emperador se preocupó de que recibiera una educación acorde a su condición y quiso conocerle en Yuste.

Eduardo Rosales, *Presentación de Juan de Austria a don Carlos V en Yuste* (1869). Museo del Prado, Madrid. En la escena se aprecia un emperador enfermo, que tapa sus inválidas piernas con una manta y las reposa en un cojín. El joven Jeromín es presentado a su padre por su tutor Luis de Quijada. Don Juan de Austria (1545-1578) era hijo natural del emperador y su identidad fue mantenida en secreto, aunque su padre trató de verle. Felipe II le reconoció como hermanastro y Juan de Austria fue un gran estratega militar.

Flexibilidad para cambiar de residencia

Las cortes regias eran itinerantes durante toda la Edad Media salvo contadas excepciones; allí donde se asentara el monarca, ya fuera una estancia de corta o larga duración, se consideraba que estaba la sede de la institución monárquica. La ausencia del rey suponía una deficiencia política. Un modo eficaz de remediar esta situación fue disponer que la corte estuviera en permanente movimiento.

Los constantes desplazamientos de Carlos V obedecían también a la manera medieval de que el rey se hiciera ver y obedecer, las gentes populares querían ver a sus gobernantes. De esta forma, el monarca estaba por añadido bien informado, aunque para este cometido la administración imperial disponía de las noticias transmitidas por los de Taxis, una familia de correos terrestres que colaboró con los Habsburgo.

Carlos tuvo un alto concepto de la inexorabilidad del deber de Estado, otorgaba a cada cual su jerarquía y no se dejó llevar por los aspectos lisonjeros de la condición regia e imperial, sino que se sacrificó por su condición política. Carlos V estuvo nueve veces en Alemania, seis en España, siete en Italia, diez en Flandes, cuatro en Francia, dos en Inglaterra y dos en África; además, navegó ocho veces por el mar Mediterráneo y cuatro por el Atlántico. De los diecisiete años que pasó en España, doce transcurrieron en la Corona de Castilla, aunque residió en distintas estancias también muchas veces en Barcelona.

En cambio, cuando residió de forma estable en alguna ciudad, como en el caso de Madrid, el emperador se sintió atrapado en una pomposa cárcel. Según el estricto ceremonial hispano-borgoñón, la jornada del gobernante estaba minuciosamente pautada. El palacio real de Madrid disponía de numerosos aposentos y

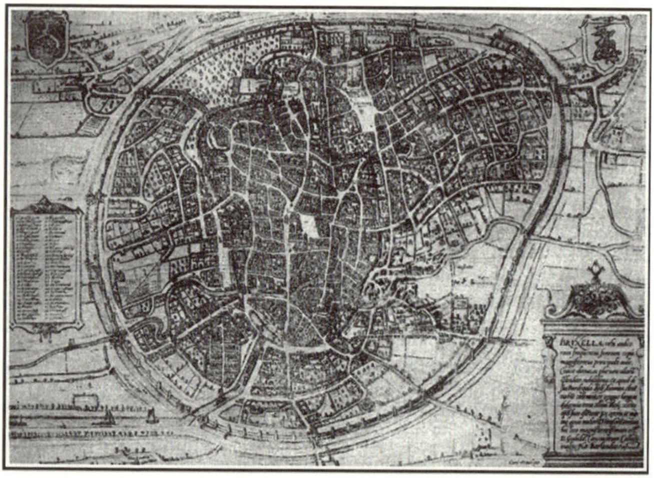

La ciudad de Bruselas fue uno de los lugares donde Carlos V residió y que visitó varias veces a lo largo de su vida.

espacios, cuyas puertas situadas por encima de la escalinata principal tenían la misma cerradura. Solo existían tres llaves, una la poseía el monarca, pero no era adecuado que la utilizara; las otras dos se las repartían el mayordomo y el camarero mayor. Este debía cerrar todas las puertas que el monarca atravesara, incluso cuando le acompañaba a la cámara de la emperatriz a cumplir con sus deberes matrimoniales.

Aficiones confesables

El emperador fue un hombre de un apetito voraz. Según narra María de los Ángeles Pérez Samper, su desmesura hacia la comida y la bebida la reflejó el embajador veneciano Badoaro al describir que, hasta que partió desde los Países Bajos hacia España, «al despertarse tomaba una escudilla de jugo de capón, con leche, azúcar y especias; después se volvía a dormir. A mediodía, numerosos platos. Colación, después de vísperas. A la una de la noche, cenaba». El cronista Alonso de Santa Cruz recoge su afición a la «carne de venados y puercos monteses, de avutardas y grúas. No era amigo de potajes, sino de asados y cocido. Las carnes las comía fuertemente especiadas y acompañadas de salsa, al gusto de la aristocracia de la época». Esta dieta tan elevada en proteínas y tan pobre en sales minerales le provocó el padecimiento de la gota.

En los banquetes imperiales se incluía pescado y los vegetales se consideraban comida pobre y débil, asociada a los grupos populares o a los frailes y monjas. A Carlos no le gustaban los potajes, pero sí las frutas y confituras dulces. Respecto a la bebida, le gustaba el vino y sobre todo la cerveza: era capaz de beber una jarra de un litro sin parar. Al llegar a Castilla encontró notables diferencias; en Alemania y Flandes se tomaban los alimentos de forma excesiva, como si fueran golosinas, mientras que los castellanos comían sin atracarse. En su corte borgoñona se rodeaba de coperos, trinchantes, panaderos, credencieros (criados que se encargaban de probar las viandas o bebidas para comprobar que no estuvieran envenenadas)… y hasta un criado de la servilleta, que permanecía toda la duración de la comida junto al emperador para ofrecérsela al limpiarse las manos.

Aunque los servidores de la corte eran flamencos, durante su estancia en 1526 la dieta mediterránea era extraída de recetarios catalanes, castellanos, portugueses y granadinos. Incluso era de su agrado la exótica comida americana, como la piña —de la que alababa su olor, pero no probó su sabor— o el chocolate, que

Claudio Sánchez Coello,
Felipe II en el banquete de los monarcas (1596).
Museo Nacional de Poznan, Polonia.

En la pintura se pueden reconocer, de izquierda a derecha, al emperador Carlos V, a la emperatriz Isabel de Portugal, al rey Felipe II y a su esposa la reina Ana de Austria, al archiduque Alberto de Austria, a la infanta Isabel Clara Eugenia, al duque de Saboya y a la infanta Catalina Micaela. Los banquetes eran reuniones propicias para la ostentación y el boato de la corte ante invitados principales.

se generaba con el grano de cacao y era considerado desde la conquista de México como bebida de los poderosos. En la entrevista entre Carlos V y Francisco I de Francia en Aigues-Mortes, en 1538, se sirvió «cacao con espuma».

Durante sus últimos años de vida Carlos V aumentó su ansia de comer y beber debido a la diabetes que padecía. Además, el prognatismo del mentón le provocaba dificultades en la masticación: el maxilar inferior era muy ancho y muy largo, de forma que no podía unir los dientes inferiores con lo superiores al cerrar la boca. Este rasgo apareció en otros hermanos de Carlos, pero en él la boca abierta con el labio inferior abultado era una malformación mayúscula que, unida a la estrechez de sus conductos nasales y a una amigdalitis, dificultó constantemente su respiración. Estas circunstancias podían explicar los desmayos de su juventud y la necesidad de beber cerveza helada en su edad tardía. Los retratos de joven muestran inmovilidad y falta de alegría y expresión facial. No obstante, algún estudio ha señalado que el peso corporal del emperador apenas se modificó pese a la abundante ingesta de alimentos, por lo que podía ser bulímico.

Entre las consecuencias de sus excesos alimenticios y su gusto por las carnes rojas y de caza, pese a las indicaciones de sus médicos para que cambiara de dieta, estaban los ataques recurrentes de gota. Estos comenzaron en 1528 y cada vez eran más dolorosos; lo dejaron tullido y con gran dificultad para andar y mover las manos, hasta el punto de que no podía escribir con la pluma. El emperador Carlos V padeció además de los terribles ataques de gota —consecuencia directa de su dieta—, una severa artritis que sus médicos diagnosticaron a los veintiocho años. En una de las cartas dirigidas a su hija María de Hungría, fechada en 1532, ya

VANQVETE DE NOB=
LES CAVALLEROS E MODO DE BIVIR DESDE
que ſe leuantan haſta q̃ ſe acueſtan, y habla de cada manjar que
complexion y propiedad tiene e que daños y prouechos haze, e tra
ta del regimiento curatiuo e preſeruatiuo delas fiebres Peſtilencia
les e dela Peſtilencia e otras coſas utiliſſimas, nueuamente com=
pueſto por el Doctor Luys de Auila Medico de ſu Mageſtad, diri
gido al Illuſtre y muy magnifico Señor el. S. don Franciſco delos
Couos Comendador mayor de Leon Secretario y del conſejo del
eſtado y ſecreto de ſu Mageſtad &c.

PLVS VLTRA

Con priuilegio Imperial.
1530.

El cirujano de la casa real durante la estancia carolina en Barcelona, Luis Lobera de Ávila, publicó en 1530 en Augsburgo el *Vanquete de Nobles Caualleros,* en el que recomendaba un estilo de vida saludable con algunas ideas dietéticas tradicionales y otras falsas creencias.

le describe sus «ataques de gota»; en 1543, le atacó el dolor en Busseto, donde se reunió con el papa para tratar los asuntos de Alemania; en 1552 un ataque de gota retrasó el asedio a la ciudad de Metz; y en 1553 era incapaz de escribir a Felipe II una carta de su puño y letra por tener agujereados los dedos. También padecía de hemorroides. En la etapa final de Yuste, Carlos estuvo acompañado por su médico Enrique Mathys.

6

Cambios y permanencias sociales

La demografía

La población española a la llegada de Carlos V a la Península se concentraba en unas regiones, lo que dejaba un importante desierto demográfico en extensas áreas. La imagen de don Quijote y Sancho realizando largas caminatas por lugares deshabitados no dista de la realidad fiel de la distribución espacial de la población. Castilla era el principal núcleo demográfico de la Península y aglutinaba el ochenta por ciento de la población. Los territorios orientales se recuperaron más lentamente de los estragos de la peste negra que asoló Europa en la segunda mitad del siglo XIV. Hacia 1550, Cataluña alcanzaba unos trescientos sesenta mil habitantes, Valencia unos trescientos veinte mil y Aragón unas cifras similares.

Alonso Sánchez Coello, *Vista de Sevilla* (h. 1576). Museo de América, Madrid.

La expansión demográfica del siglo XVI va asociada al incremento de la producción agrícola, aunque este fue muy dispar en los territorios peninsulares. En Castilla y Andalucía se produjo un aumento aproximado del cincuenta por ciento durante el reinado de Carlos V. En especial, la ciudad de Sevilla como punto central del comercio y la administración de las Indias

Sevilla incrementó su población en el siglo XVI un ciento cuarenta por ciento debido a su privilegiada situación con el comercio de Indias. Desde 1503 tenía su sede en ella la Casa de Contratación y su puerto era un bullicio continuo donde también se construían y reparaban naves.

aumentó de forma espectacular su población. Valencia y Murcia también incrementaron significativamente su población.

El número de españoles que emigraron al continente americano fue de unos cincuenta mil hacia mediados del siglo XVI, una cifra no muy elevada pero que incidía en un déficit importante como mano de obra. No se debe desdeñar la aportación demográfica de los extranjeros, como la de los gascones en Cataluña y, sobre todo, la de genoveses atraídos por la riqueza que generaba el comercio indiano en Sevilla. Los genoveses prosperaron como banqueros y se integraron en flotas militares y consejos españoles.

El sometimiento del estamento nobiliario

La época de Carlos V prosigue con una sociedad estamental dividida en grupos privilegiados, la clerecía y la nobleza, y no privilegiados, el resto de la población. Esta jerarquización desigual establecía determinados privilegios y obligaciones y expresaba en el modo de vida aristocrático una superioridad y un ideal social casi inalcanzables. El ascenso estaba reservado a unos pocos, por lo que la pertenencia a uno u otro grupo social venía determinada por el nacimiento. Los linajes bajomedievales habían ampliado sus bases económicas más allá de sus servicios militares y obtenían cuantiosas rentas de la jurisdicción señorial sobre los habitantes de sus territorios. La alta nobleza mostró lealtad a los Reyes Católicos, que al promulgar las leyes de Toro de 1505 sobre el mayorazgo ratificaron sus privilegios en la exención fiscal.

Aunque la corona pretendió solidificar una nobleza de privilegio acorde a los méritos por los servicios prestados, la verdadera nobleza continuó considerándose aquella que procedía de la sangre de los antepasados. En la cúspide de la pirámide social se encontraban los grandes de España, encumbrados mediante el título de duques, marqueses o condes, y con un patrimonio económico y territorial tal que a veces desempeñaban

Fernando Moro, *Fernando Álvarez de Toledo, tercer duque de Alba* (1549). Hispanic Society of America, Nueva York. El linaje Álvarez de Toledo alcanzó un prestigio político elevado por el desempeño de diversos oficios cortesanos, y ostentaba desde 1472 uno de los títulos más importantes de la España moderna, el del ducado de Alba, concedido por Enrique IV.

su gobierno en auténticos pequeños Estados dentro de la corona. En un segundo escalón se situaban los linajes con títulos pero sin la condición de grandeza, también con una posición privilegiada en el entorno cortesano y unos extensos dominios señoriales.

La nobleza era la gran propietaria de la tierra y acumulaba mayores cantidades de capital. Su posición social se consolidó por las concesiones y privilegios de monarcas anteriores y por la pujanza agrícola del siglo XVI, que aumentó sus recursos. El estamento nobiliario protestó en las cortes de Toledo, celebradas en noviembre de 1538, en las que el emperador solicitó la creación de un nuevo impuesto sobre los objetos de consumo, la sisa. La negativa de los nobles castellanos conllevó no convocarlos en sucesivas reuniones por su condición de exentos.

La grandeza y los títulos

Durante el reinado de Carlos V se concedió el título de la grandeza de España a veinte linajes nobiliarios destacados de Castilla y León. Con esta medida el monarca trató de premiar la trayectoria cortesana de algunos linajes y también provocar los recelos y la disensión entre ellos. Esta medida de fuerza de la monarquía suponía un acuerdo tácito, según la profesora Quintanilla Raso, con la alta nobleza. Así, la nobleza aparecía como «hechura regia» y se reafirmaba la voluntad de la Corona de otorgar la grandeza a la persona o a una casa nobiliaria determinada. Algunos autores señalan como origen de concesión de la grandeza la distinción ceremonial que era utilizada por la nobleza en Castilla y que permitía a los grandes cubrirse ante los monarcas, tradición que la corte flamenca de Carlos consideraba inadecuada.

Los títulos nobiliarios castellanos —la mayoría concedidos por Enrique IV y los Reyes Católicos— que Carlos V reconoció en 1520 fueron los siguientes:

Linaje	Título
Guzmán	Duque de Medina Sidonia
La Cueva	Duque de Alburquerque
Álvarez de Toledo	Duque de Alba
Pacheco	Duque de Escalona
Mendoza	Duque del Infantado
La Cerda	Duque de Medinaceli
Manrique	Duque de Nájera
Estúñiga	Duque de Béjar
Velasco	Duque de Frías
Ponce de León	Duque de Arcos
Cárdenas	Duque de Maqueda
Pimentel	Duque de Benavente
Osorio	Marqués de Astorga
Manrique	Marqués de Aguilar de Campoo
Sandoval	Marqués de Denia
Mendoza	Marqués del Cenete
Fernández de Córdoba	Marqués de Priego
Fajardo	Marqués de los Vélez
Fernández de Córdoba	Marqués de Comares
Mendoza	Marqués de Mondéjar
Fernández de Córdoba	Conde de Cabra
Osorio/Castro	Conde de Lemos
Estúñiga	Conde de Miranda
Girón	Conde de Urueña
Enríquez	Conde de Melgar

Íñigo López de Mendoza, cuarto duque del Infantado (1531-1566), ostentó su título durante el reinado de Carlos V y fue uno de los nobles más poderosos del reino.

Como representantes de la nobleza titulada aragonesa figuran entre la grandeza los duques de Cardona (Folch de Cardona), Gandía (Borja), Segorbe y Villahermosa (ambos casa de Aragón), mientras que la casa de Navarra quedaría representada por el condestable conde de Lerín.

Muchas de estas casas nobiliarias aparecen vinculadas a la corte de Carlos V como consejeros reales (Estado, Guerra, Inquisición, Órdenes y Contaduría Mayor de Hacienda) o como representantes del brazo nobiliario en las reuniones de Cortes. Sin duda, el engrandecimiento de estos linajes los convertía en la cúspide de la alta nobleza y culminaba una trayectoria iniciada en la Baja Edad Media, vinculados a la posesión territorial de grandes estados señoriales. Cumplían el rol de interlocutores de la monarquía, privilegiados por una serie de derechos y exenciones, y exhibían una estrecha relación con la cultura y el mecenazgo.

Protocolo y tratamiento de los grandes

Al entrar a reinar en España la casa de Austria, se denominaba grandes «en aquestos reynos a todos los que tenían la mayor estimación en ellos, o por parentesco con las casas reales o por grandes estados, o tropas que mantenían pagándoselas los reyes, o por dignidades como las de condestable, almirante, adelantados, y otras que oy han quedado sin ejercicio, mayordomo mayor, que es la más preeminente de la casa real, duque, condes o marqueses, que eran entonces muy pocos».

Una vez unificados «los diversos estados que an compuesto esta monarquía en el emperador Carlos quinto», le pareció conveniente explicar «la primera horden de los que consideró por los mayores señores en todos sus dominios».

Entre las prerrogativas de los grandes se encontraba no ser presos «sin despacho firmado del rey», aunque sí detenidos por la justicia civil o militar. Si el grande quisiera informar de cualquier pleito en el consejo real o chancillerías, «se le da el asiento de mano izquierda inmediato al presidente, no llevando espada, ni sombrero, sino una cobertura de cabeza que llaman gorra».

Su función principal es acompañar a los reyes en los actos públicos, «yendo inmediatamente delante de sus magestades, príncipes o infantes, y cubriéndose cuando los reyes se lo manden, como en las capillas o yglesias donde asisten a los oficios divinos, sentándose en un banco raso sin respaldo».

El grande de primera clase «se cubre antes de hablar al rey, luego le besa la mano, se vuelve a cubrir, haze su cortesía y se arrima a la pared». A las mujeres de los grandes «se les ponen almohadas, que es lo mismo que en Francia, y taburetes».

Respecto al tratamiento, se fue generalizando en el siglo xvi el uso de la «excelencia».

Archivo Histórico Nacional, Nobleza,
Fernán Núñez, s. f., cp. 964, d. 13

Más privilegiados: la camarilla eclesiástica

La Iglesia acaparaba en la Edad Moderna un gran poder en todos los ámbitos, incluido el social. Se estima en unos cien mil religiosos los que integraban este otro estamento privilegiado que podría alcanzar la mitad de la renta de todo el territorio español, con la aristocracia terrateniente. El clero representaba el dos por ciento de la población, defendía sus privilegios jurídicos y económicos y se concentraba en los centros urbanos, donde integraban los cuadros religiosos de catedrales, parroquias, conventos o la administración de colegios y hospitales. Aparte de la posesión de la tierra, los beneficios económicos que ofrecía la Iglesia atrajeron a hijos de artesanos o campesinos y a miembros segundogénitos de la nobleza.

Las diócesis eclesiásticas más importantes eran dirigidas por hombres de linajes aristocráticos, fruto de la influencia social y la no admisión hasta Trento de otros criterios para la formación de sacerdotes en seminarios. Muchos recursos de la Iglesia, impulsados por la Reforma religiosa, se destinaron a la caridad y al mantenimiento de los hospitales. La política estatal se interesaba por el nombramiento de beneficios para disponer de una jerarquía eclesiástica dispuesta a colaborar con la corona.

También los maestres de las órdenes militares poseían un gran poder político. La evolución bajomedieval de las órdenes, una vez evaporada su función defensiva en la frontera, condujo a sus mandatarios a la participación en las guerras civiles, la conspiración política como intermediarios entre monarquía y nobleza y la administración señorial y económica de sus amplios territorios. Hubo algunos episodios conflictivos, como ocurrió entre la Orden de Calatrava

Luis de Velasco y Ruiz de Alarcón (1511-1564) en el Castillo de Chapultepec - Museo Nacional de Historia de México (MNH). Fue caballero de la Orden de Santiago que fue virrey de Navarra (1574-1549) y virrey de Nueva España (1550-1564).

y Carlos V en 1523, al conceder el emperador el hábito a personas que ni siquiera eran caballeros, como sucedió con el tudesco Guillermo de Rocandolfo cuando recibió la encomienda de Otos. La razón de Estado se anteponía a cualquier normativa anterior: el monarca podía conceder sin intercesión el hábito a quien creyera oportuno, insertándolo en las órdenes burócratas para que alcanzase el prestigio logrado en el ámbito militar por otros caballeros.

No obstante, es preciso exponer la distinción social y cultural entre alto y bajo clero. Dominicos y franciscanos —órdenes mendicantes— fueron más proclives a la ayuda del pueblo llano, mientras los benedictinos, que poseían grandes propiedades, apoyaban a la nobleza. Las misiones religiosas españolas en América hicieron aún más heterogénea la composición del clero del siglo XVI.

¿Había clase media?

La clase media era casi inexistente en la España del siglo XVI, apenas unos grupos de mercaderes castellanos que acrecentaron sus fortunas con la riqueza de las Indias. Algunos apellidos como Benavente, Encina o Haro aparecen en los contratos con el Consejo de Hacienda entre los acreedores, aunque la mayoría de estos eran extranjeros. La urbanización escasa no fomentaba la existencia de negocios comerciales, salvo excepciones.

Pese a la afluencia de metales y la creación del mercado americano, apenas prosperaron industriales o comerciantes españoles. La competencia extranjera, menos acuciada por la elevación de los precios derivados de la afluencia de metales, fabricaba objetos más baratos, y los productores castellanos perdieron el mercado colonial.

Otro factor para explicar la ausencia de clase media es el prejuicio social contra las actividades comerciales. Para alcanzar hidalguía se alegaba no haber trabajado con las manos, pero el número de hidalgos en Castilla, pese al mito de su existencia, era escaso salvo en algunas áreas del norte. Este «deshonor de trabajo» provocaba

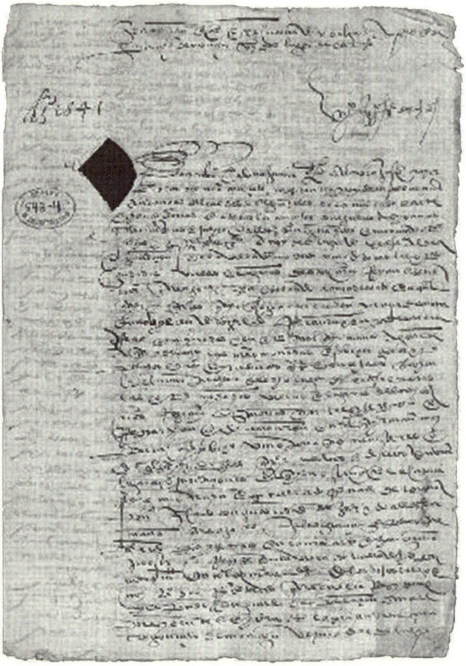

Ejecutoria de hidalguía de Gonzalo de Monzón, vecino de Getafe (Madrid), 29 de agosto de 1551, Archivo de la Real Chancillería de Valladolid, Registro de Ejecutorias, caja 548, doc. 4.

que algunos comerciantes buscaran el enriquecimiento a partir de inversiones en propiedades territoriales para así equipararse a la nobleza y su seguridad económica.

Los hidalgos se caracterizaban por su privilegio de exención fiscal de pechos reales y concejiles y su afán por diferenciarse del elemento popular. Los hidalgos fueron convocados en los siglos xiv y xv por la corona castellana para distintas campañas armadas y, para muchos de ellos, extraídos de las oligarquías concejiles, esto suponía la concesión del privilegio de exención. En los reinados de Enrique IV y los Reyes Católicos se multiplicó la concesión de privilegios de hidalguía como vía de acceso a la nobleza. Los concejos denunciaban que estos hidalgos se excusaban de servir y pechar con ellos, mientras la monarquía los presionaba para acudir a las levas militares. Estos pleitos son muy frecuentes en la primera mitad del siglo XVI. Los hidalgos se quejaban de que les quebrantaban sus franquezas y se les prendaba y añadía en los padrones de pecheros pese a su condición privilegiada, a la que accedieron por la exención de dos generaciones anteriores.

La mayor parte de la población eran trabajadores artesanos o campesinos que, con gran esfuerzo, podían cubrir las necesidades básicas del día a día. Un trabajador de Barcelona comía apenas un trozo de pan con ajo. Los campesinos podían ser tenentes medianos y pequeños que arrendaban parte de sus propiedades con contratos a largo plazo o se acogían a censos más favorables. En algunas zonas los campesinos podían acceder a las tierras comunales de los concejos, pero hemos de constatar que estaban rayanos en el límite de la subsistencia. El campesinado podía estar formado por labradores independientes, arrendatarios, aparceros y jornaleros. Los pastores quedaron limitados a la movilidad que les imponía la trashumancia y desarrollaron sus costumbres y celebraciones alejados del contacto con funcionarios, aristócratas o habitantes de las ciudades. El ritmo de los ciclos agrarios era el que componía la cotidianeidad para el campesinado.

El campesinado más pobre, que vivía al límite de la subsistencia, se distribuía en Galicia, Burgos, León, Extremadura y Andalucía. El incremento continuo de las rentas de las tierras contribuyó a acentuar sus

El Greco, *Retrato del cardenal Juan Pardo de Tavera* (1610). Museo Fundación Lerma, Hospital Tavera, Toledo. El cardenal Tavera (1472-1545), arzobispo de Toledo y Santiago de Compostela e inquisidor general, promulgó la Ley de pobres en 1540. Esta generó rechazo por parte de algunos funcionarios, eclesiásticos y hasta teólogos de la Universidad de Salamanca.

dificultades. Debían contribuir al Estado, a la Iglesia y al señor, y en ocasiones habían de vender por adelantado sus cosechas a un precio fijo para obtener ingresos. Muchos campesinos desahuciados acababan por convertirse en vagabundos, mendigos o desocupados que merodeaban por los caminos cercanos a la corte, en unas condiciones de vida miserables.

En 1531 Carlos V prohíbe la mendicidad en los Países Bajos y el cardenal Juan Pardo de Tavera promulga como regente —en ausencia del emperador— la ley de pobres en 1540 para el territorio castellano. En esta se recoge cómo controlar la mendicidad para erradicar los falsos mendigos: se daba una licencia para pedir limosna a los «verdaderos de la naturaleza», es decir, que estuvieran avecindados en la villa. La cédula tenía una validez anual y los mendigos debían confesarse y comulgar al menos una vez en ese lapso de tiempo. Como excepciones, algunos estudiantes, ciegos o jornaleros enfermos podían solicitar la licencia sin «estar en su naturaleza». La ley prohibía la mendicidad infantil a partir de los cinco años y recordaba que el ideal era que no hubiera pobres y que las autoridades concejiles y eclesiásticas distribuyeran adecuadamente las rentas.

La Inquisición

El cardenal Cisneros había reformado la vida religiosa en España en el gozne de los siglos xv y xvi, instando al clero a que practicara una predicación efectiva de la doctrina cristiana desde sus parroquias, elevando el nivel de las órdenes religiosas de benedictinos y franciscanos y cimentando la Universidad de Alcalá sobre los estudios de teología para formar a los clérigos que habrían de ocupar los principales cargos eclesiásticos. Como inquisidor general desde 1507, Cisneros alcanzó una influencia enorme en los resortes del poder del reino.

La posición de Carlos V ante la Inquisición, la institución creada por los Reyes Católicos para atajar la heterodoxia en las creencias religiosas, en especial la persecución de los judaizantes o conversos, fue algo

Erasmo de Rotterdam influyó en el pensamiento religioso de la época de Carlos V. Aunque católico, fue crítico con algunos dogmas de la institución eclesiástica y su administración, arremetió contra las malas prácticas de algunos obispos, monjes regulares y príncipes, y propugnaba mayor libertad de interpretación en la doctrina cristiana.

ambigua. Aunque en la Corona de Aragón se recurrió a Roma para reducir sus poderes y funciones, el emperador rechazó la intervención papal en los asuntos de la Inquisición, pese a que se oponía a la acusación secreta y la confiscación de las propiedades como métodos poco edificantes del tribunal eclesiástico.

A partir de 1523 la Inquisición volvió a protagonizar persecuciones de iluministas y erasmistas por la creencia de que infundían ideas luteranas. Los iluministas o alumbrados creían en la sumisión a la voluntad de Dios y el establecimiento de una comunicación personal extasiada —un «recogimiento místico»—, por lo que su doctrina fue condenada en 1525 por la Inquisición en el Edicto de Toledo. Los iluministas fueron precursores de los luteranos en España y algunos de ellos eran franciscanos de origen converso o mujeres como la beata Francisca Hernández, detenida en 1529 en Valladolid, que acusó a algunos partidarios suyos de luteranismo.

Las ideas de Erasmo de Rotterdam, nos recuerda John Lynch, también fueron objeto de crítica en diferentes ámbitos, como el monástico, aunque los humanistas y los intelectuales acogieron con entusiasmo sus escritos reformistas. El secretario del emperador, Alfonso de Valdés, fue partidario de Erasmo e hizo que el mismo Carlos V enviara una epístola expresándole su convicción respecto a la piedad que profesaba. Sin embargo, la Inquisición logró que la población asociara las enseñanzas de Erasmo con la doctrina herética de Lutero, en especial durante la ausencia del emperador entre 1529 y 1533.

7

El capitalismo iza su bandera

Los metales de América y el alza de los precios

La escasez de metales preciosos que alimentaba el comercio europeo —oro de Sudán y plata de las minas alemanas— se compensó con las remesas procedentes de América, sobre todo de plata. Mientras el noventa por ciento de los recursos económicos siguieron ligados a la tierra, la llegada a América proporcionó a la incipiente monarquía hispánica la llegada de metales preciosos y la instauración de un rico comercio con las Indias. Entre 1530 y 1550 los envíos de plata fueron creciendo para cobrar un auge inédito en la segunda mitad de siglo que condujo a la revolución de los precios. El método de amalgama de plata y mercurio hizo multiplicar por diez las exportaciones de metales americanos... pero el

Escudo del reinado de Carlos V. La moneda que servía de unidad de cuenta básica en España era el maravedí. La moneda de oro principal era el ducado, que equivalía a 375 maravedís. En la época de Carlos V también se utilizaron el real (moneda de plata equivalente a 34 maravedís), el real de a ocho (272 maravedís), el escudo (moneda de oro que sustituyó en 1537 al ducado con valor de 350 maravedís), el peso (moneda de plata equivalente a 450 maravedís), el vellón (una moneda fraccional compuesta por una aleación de plata y cobre) y la lliura (libra catalana equivalente a 10 reales).

Estado proteccionista de Carlos V no pudo impedir que gran parte del tesoro se escapara hacia Europa.

Aunque España intentó conservar y gestionar la riqueza americana a través de su monopolio, como señala John Lynch, su balanza comercial negativa —exportaba materias primas e importaba productos elaborados— obligaba a los comerciantes a realizar pagos en efectivo a los centros productores europeos. También el Estado autorizó determinados pagos de alimentos o suministros navales en el exterior. Esta dilapidación monetaria por la defensa del Imperio español, en lugar de ser invertida en actuaciones productivas en el interior, produjo la fuga de cantidades ingentes de dinero hacia el norte de Europa.

El alza de los precios se mantuvo desde mediados del siglo XVI hasta comienzos del XVII, pero los salarios no fueron incrementados de forma paralela. Hay, no obstante, cierto consenso entre los historiadores en la interpretación de que el incremento de las cantidades de metales preciosos provocó la revolución de los precios en España. Esa relación causal no fue prevista por el Gobierno de aquella época, que adoptó una política económica inadecuada. El alza de los precios tuvo mayor repercusión en Andalucía, que monopolizaba el comercio de las Indias. Otras regiones que sufrieron su impacto fueron, por orden de importancia, Castilla la Nueva, Castilla la Vieja y Valencia.

Durante la primera mitad del siglo XVI el alza alcanzó un incremento del ciento siete por ciento, pero los precios no explican las diferencias en el coste de vida entre los países europeos. En Francia, por ejemplo, el precio del trigo fue siempre más elevado que en España durante el período de inflación. Esta inflación se interpreta más dentro del contexto alcista europeo que no solo por la inflación en España. Y hay factores que deben tenerse en cuenta para comprender este fenómeno económico, como la oferta y la demanda existente para la producción artesanal y agrícola. El incremento de la producción industrial no fue simultáneo al incremento del dinero que circulaba, y este salió al exterior en busca de productos.

Entre las consecuencias de la revolución de los precios se ha establecido de forma simple el atraso económico de España. El retraso de los salarios con respecto a los precios no permitió acumular capitales para la inversión, al contrario de lo que ocurrió en el resto de territorios europeos. Quizás muchos terratenientes, comerciantes e industriales beneficiados por la inflación no reinvirtieron su riqueza y se dedicaron a comprar títulos o propiedades. El capitalismo no dio un impulso significativo en España.

Los esbozos del capitalismo

La plata de América, por tanto, revitalizó la actividad financiera y comercial de la Europa occidental. La locomotora del capitalismo se había puesto en marcha al mismo tiempo que los descubrimientos geográficos y la era de las rutas comerciales a gran escala. A pesar de la escasez de vocación mercantil, Castilla se vio favorecida por un progreso comercial derivado de la explotación económica de América. El impulso económico se vio en el incremento de comerciantes que realizaban operaciones cada vez más arriesgadas con el fin de acumular más riquezas.

El comercio sevillano

A todas las Indias embian grandes cargazones de toda suerte de ropa, traen de alla oro, plata, perlas, grana, y cueros, en grandísima cantidad. Item para asegurar lo que cargan tienen necesidad de asegurar en Lisboa, en Burgos, en Leon de Francia, Flandres, porque es tan gran cantidad la que cargan, que no bastan los de Sevilla, ni de veynte Sevillas, asegurarlo.

Fray Tomás de Mercado, *Suma de tratos y contratos*

Las carabelas, de origen portugués, fueron utilizadas en los viajes de los grandes descubrimientos por el océano Atlántico, pero hubo otros barcos más utilizados para el comercio. Los galeones tenían costados elevados, eran más lentos y se emplearon para transportar los metales de las Indias. La carraca era una embarcación corta con resistencia a las olas y con un fondo ancho que desplazó a las galeras, habitual barco empleado en el Mediterráneo con fines militares y comerciales. Las zabras vizcaínas eran barcos pequeños óptimos para un comercio activo.

Respecto al comercio de la lana, los genoveses dominaban el sur y los castellanos el norte, con la ciudad de Burgos como centro preponderante y centro del Consulado del Mar, que establecía seguros marítimos y controlaba el comercio con Flandes a través del puerto de Santander. Castilla tenía establecidos una serie de puntos estratégicos comerciales donde se vendía la lana, como Brujas, Amberes, Rouen o Florencia.

La actividad comercial castellana exportaba, además de la lana, sal, aceite, hierro, cochinilla, pieles y azúcar. Estos tres últimos productos procedían de las Indias. A cambio, se importaban paños de lana y lino, telas, libros, cereales y pescado. El saldo de la balanza comercial era negativo, Castilla no podía competir con el comercio textil de Flandes o Francia, por ejemplo.

El comercio catalán, en cambio, sufrió un declive por la irrupción mediterránea de los turcos. Los puertos de Málaga y Alicante, más cercanos al Atlántico y a la ruta italiana, fueron sustituyendo en importancia a los de Barcelona y Valencia. Los catalanes encontraron dificultades para asentarse en Sevilla o Cádiz y se dirigieron a la venta de paños en Medina, aunque en dura pugna con los comerciantes flamencos, franceses e ingleses.

Las ferias de Medina del Campo y la banca

Los principales centros de intercambios comerciales y financieros eran las ferias de Castilla, en especial las de Medina del Campo, surgidas en la Edad Media y que alcanzaron gran prosperidad durante el reinado de Carlos V. Las ferias eran mercados financieros donde los deudores, incluido el Estado, debían atender los pagos. A ellas acudían sobre todo comerciantes europeos (genoveses, alemanes, ingleses) y castellanos.

Recreación de la feria de Medina del Campo, Fundación Museo de las Ferias. Las ferias de Medina del Campo, villa situada en un nudo estratégico de comunicaciones, se establecieron a comienzos del siglo XV. La disposición de los feriantes estaba regulada y cada oficio (pañeros, plateros, sederos, herreros, armeros, jubeteros, caldereros, zapateros, mercaderes del cuero, albarderos, etc.) tenía una ubicación asignada.

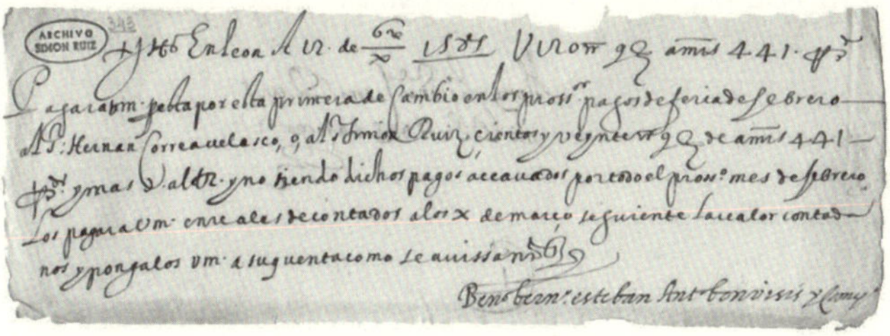

Letra de cambio del siglo XVI. Archivo Simón Ruiz.

La letra de cambio se empleaba como instrumento de pago. El comerciante, una vez acumulado suficiente capital, realizaba operaciones de crédito como fuente de ingresos. Los banqueros de depósito no se dedicaban al préstamo, pero realizaban operaciones especulativas en las ferias de Medina. Las ferias estaban vinculadas a la llegada de metales de las Indias y, en numerosas ocasiones, se retrasaban los pagos. Durante el reinado de Felipe II se suspendieron las ferias entre 1575 y 1578 y entre 1594 y 1598.

La banca prosperó en Sevilla ya en el último tercio del siglo XVI, aunque se exponía a bancarrotas ante la falta de metales, las confiscaciones estatales o las suspensiones de pagos del Gobierno.

La Hacienda real

En una época en que las finanzas iban ligadas a los continuos gastos bélicos, la institución hacendística y su gestión de los recursos recaudados cobraron un protagonismo esencial en el Estado moderno. La economía española del siglo XVI hubo de adecuarse a los herméticos privilegios sociales, a un mercado pequeño, a la inflación de los precios y al contexto internacional con la pujanza de otros territorios. Además, pese a los ingresos procedentes de América, el Gobierno hubo de acometer grandes gastos, que se triplicaron durante el reinado de Carlos V. Esta situación provocó numerosas deudas y quiebras económicas, que se agudizaron en el reinado de Felipe II.

Las rentas ordinarias se recaudaban a través de alcabalas, impuestos indirectos que gravaban el diez por ciento sobre las ventas de determinados productos (vino, aceite, lana, etc.); las tercias reales a través de los diezmos; el servicio y montazgo a partir de actividades ganaderas o regalías sobre minas, monedas, salinas, etc. Estas rentas se utilizaban para saldar la deuda pública, que aumentó del 36 % al 68 % entre 1528 y 1556.

La alcabala

A comienzos de la Edad Moderna, la alcabala era el ingreso que mayores cantidades de dinero ofrecía a la monarquía, hasta un tercio. Recaía sobre el comercio de mercancías, bienes muebles e inmuebles y dinero, con un porcentaje sobre el valor de las cosas enajenadas. Suponía el diez por ciento sobre todas las ventas, aunque desde 1536 se recaudó en forma de encabezamiento. Este sistema recaudaba de forma colectiva el impuesto en los municipios de Castilla a cambio de gestionar el propio concejo su pago: así determinaba la cuota y no siempre gravaba todos los productos.

Carlos afirmaba en 1540 que solo le podían sostener sus reinos de España, aunque la recaudación de impuestos había aumentado en un cincuenta por ciento. Para sufragar sus aspiraciones imperiales y sus constantes envites militares, Carlos recurrió a impuestos extraordinarios votados en cortes y al crédito de banqueros alemanes y genoveses. La deuda con los banqueros extranjeros aumentó de ciento cuarenta millones de maravedís anuales al comienzo del reinado hasta seiscientos treinta y cinco millones al final del período. También se recaudaba el quinto real sobre las remesas de las Indias, las rentas sobre las dehesas de las órdenes militares y el subsidio eclesiástico, que suponía en total unos cuatrocientos cincuenta millones de maravedís.

Aunque Castilla fue la base esencial hacendística del Gobierno, Carlos hubo de recurrir también a los reinos de la corona de Aragón para recaudar ingresos, como los trescientos cuarenta y tres mil ducados que le concedieron las cortes de Monzón en 1533.

Y, en los territorios imperiales, fue esencial la ayuda económica requerida a los Estados protestantes en diversas campañas contra los otomanos para defender Viena o el reino de Hungría. El «mes romano» era la asignación de dinero que la Dieta otorgaba al emperador para el mantenimiento de las tropas. Así, por ejemplo, el séquito que le acompañó para la coronación imperial en Roma constaba de veinte mil lansquenetes, a razón de cuatro florines como salario, y cuatro mil caballos a doce florines, lo que suponía un gasto de ciento veintiocho mil florines. Explica Peter Rauscher que los pagos para las campañas contra los enemigos turcos fueron muy desiguales, el emperador no tenía influencia alguna en la recaudación de impuestos y dependía de la voluntad de los Estados imperiales. También se instauró la recaudación del «penique común», que obligaba a los habitantes del Sacro Imperio mayores de quince años a pagar una suma fija. Este sistema también tenía inconvenientes que contradecían la división estamental de la sociedad o el establecimiento de un límite máximo patrimonial para ser gravado.

Carlos V recurrió en 1548 a una mayor circulación de moneda de vellón y redujo su contenido de plata de 7 a 5,5 granos de ley.

Deudas, Fugger y quiebras

Los banqueros eran comerciantes que pusieron a disposición de la Casa de Austria créditos y una infraestructura para la transferencia financiera, como las letras de cambio. Estos *merchant bankers* no se limitaron a actividades crediticias, sino que también se dedicaron a

Alberto Durero, *Retrato de Jakob Fugger el Rico* (1518). Staatsgalerie, Augsburgo. Jakob Fugger fue el máximo acreedor de las empresas políticas de Carlos V. Los Fugger empezaron a cobrar su deuda en la Dieta de Worms, donde se establecía la cesión de las minas españolas de cobre, sal y oro. Mientras la Dieta de Núremberg de 1523 discutía cómo evitar el monopolio comercial, Jakob Fugger recordaba al emperador su ayuda en la elección: «Es bien sabido, y puedo hacerlo patente, que V. M. I. no hubiera obtenido sin mi ayuda la Corona del Imperio, lo que puedo probar por medio de los manuscritos de los comisarios de V. M. I., y que no he hecho esto en ventaja mía lo demuestra que de favorecer a Francia en perjuicio de la Casa de Austria, hubiera adquirido grandes bienes y riquezas que se me habían ofrecido. Los perjuicios que habrían resultado de ello para la Casa de Austria quedan bien patentes para la alta inteligencia de V. M. I.».

actividades comerciales, como la minería o el comercio de paños o armas.

Los ingresos ordinarios que recaudaban las arcas imperiales resultaban insuficientes para administrar sus dominios. Los recursos de la Hacienda no alcanzaban la regularidad del dinero político con el que se pagaba a diplomáticos, consejeros o soldados.

Los banqueros Fugger, católicos y de la ciudad de Augsburgo, aceptaron la puja de Carlos para aspirar al cetro imperial; sufragaron casi dos tercios, unos 544.000 florines. También la familia Welser, próxima al protestantismo, ofreció su ayuda financiera al Habsburgo en la elección. Incluso hubo banqueros flamencos, florentinos y genoveses en la lista de acreedores imperiales. Los costes de los créditos fueron muy elevados, al doce por ciento anual. Los Fugger, establecidos en Lisboa a principios del siglo xvi, extendieron sus actividades a España. Para cubrir los pagos del crédito de la elección, se les concedió la administración de las minas de mercurio de Almadén —allí residieron durante ciento cincuenta años— y de plata en Guadalcanal, así como un asiento sobre las rentas de los ingresos de las órdenes militares de Santiago, Calatrava y Alcántara entre 1525 y 1527. Antón Fugger, sobrino y sucesor de Jakob en el negocio familiar, se convirtió en el prestamista oficial de Carlos V y, después, de su hijo Felipe II.

Los Welser eran en mayor medida comerciantes y viajaban a las ferias de Venecia, Génova, Roma, Berna, Núremberg, Lyon, Sevilla o Zaragoza. Aprovecharon la apertura colonizadora de Carlos V, y se instalaron en Canarias, Santo Domingo y México. Después se sumaron a la expedición de Pedro de Mendoza que descubrió el Río de la Plata y obtuvieron, en 1528, como parte del pago de una deuda, la exclusividad para conquistar

Carl Ludwig Friedrich Becker, *Jakob Fugger quema los créditos de Carlos V* (1866). Alte Nationalgalerie, Berlín. La deuda pública del imperio se disparó progresivamente durante el reinado de Carlos V: 6.327.000 ducados entre 1520-1532; 6.594.000 entre 1533-1542; 10.737.000 entre 1543-1551; 14.351.000 entre 1552-1556.

y colonizar la llamada Provincia de Venezuela. Fueron los primeros extranjeros que establecieron factorías en América en igualdad de condiciones que los españoles.

En 1542 los ingresos hacendísticos se elevaban a un millón de ducados anuales, mientras el montante de los préstamos y las letras de cambio solicitados a banqueros extranjeros ascendía a cuarenta millones de ducados. La deuda fue ascendiendo hasta alcanzar los dos millones de ducados al final del reinado de Carlos V. Cuando no podía devolver los préstamos con dinero, lo hacía con deuda pública, los juros. Estos fueron incrementándose progresivamente: en 1522 suponían el 36 % de los recursos hacendísticos, en 1543 el 65 % y en 1557 se produjo, ya durante el reinado de Felipe II, la primera bancarrota de la Hacienda.

La economía rural

Las condiciones de los campesinos no eran las mismas en todos los territorios peninsulares. En Castilla el régimen agrario se sustentaba en un sistema de mayorazgos y manos muertas y la tierra era trabajada por jornaleros sin propiedad. El alza de los precios, no obstante, provocó el incremento de las rentas de la tierra y el interés inversor, que repercutió en el cultivo de nuevas tierras en llanuras y montañas mediante drenaje o regadío y una explotación más intensiva. Nobles, eclesiásticos y pequeños campesinos se hicieron con acumulaciones de capital.

Los principales resultados se obtuvieron en los cereales, la vid y el olivo, en territorios como La Mancha y Andalucía. La producción de seda floreció en Granada y Valencia, mientras que el azafrán, producto utilizado para cocinar y para el tinte, se obtenía en Aragón.

El pan siguió siendo el principal alimento de la población en el siglo XVI. El Estado aplicó una política de control de precios, fijando un precio máximo para que en los años de escasez de trigo no se disparara. Muchas veces el abastecimiento de los militares chocaba con los intereses de las ciudades, que velaban por el sustento de sus habitantes. Ocasionalmente, el trigo procedía del exterior, de Milán, Nápoles o Sicilia. España sufrió crisis agrícolas periódicas debido a las sequías e inundaciones, al incremento demográfico y a la atención al pastoreo por encima de los cultivos.

Los Reyes Católicos y los primeros Austrias defendieron los intereses de la aristocracia castellana, con grandes intereses económicos en la cabaña ganadera. La ganadería ovina también se desarrolló por las condiciones climáticas de la meseta y su suelo pobre, así como por la tradición trashumante que hacía bajar desde

El cultivo de cereales y la vid en las llanuras manchegas contribuyó al aumento de la producción agrícola.

las montañas a los rebaños en octubre para pasar el invierno en Extremadura, Andalucía o Murcia y regresar al norte en abril. Los desplazamientos de las cabezas de ganado por las cañadas reales generaron numerosos conflictos con los agricultores. La poderosa institución de la Mesta, de origen regio, organizaba las actividades y defendía los privilegios de los ganaderos. Desde 1525 Carlos V ratificaba las prerrogativas de la Mesta a cambio de unos subsidios casi permanentes a la corona.

La industria textil también estaba relacionada con la Mesta, puesto que los fabricantes de tejidos tenían el derecho de comprar la tercera parte de la lana producida. La industria cobró pujanza en esta época al calor

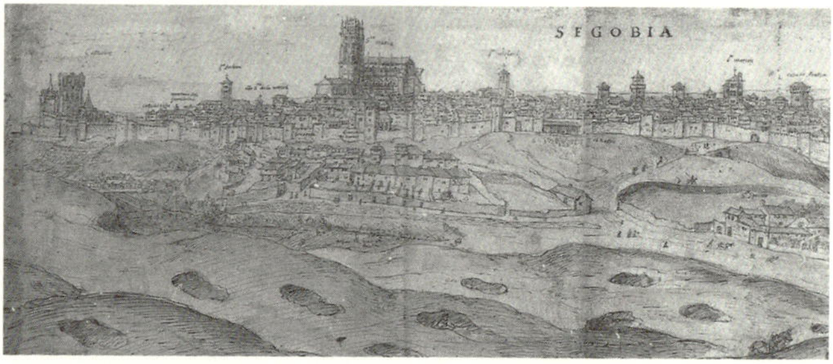

Anton van den Wyngaerde, *Vista general de la ciudad de Segovia en 1562* en la National Bibliotheck de Viena. Segovia llegó a contar con seiscientos telares en la segunda mitad del siglo XVI y tenía abundante mano de obra para realizar el esquileo de las ovejas, por lo que fue uno de los principales centros de la industria textil castellana.

de la revolución de los precios. Los centros de lana más importantes —Barcelona, Valencia, Segovia, Toledo y Cuenca— aumentaron su producción, pero no podían competir con los paños de Inglaterra, Países Bajos o Italia.

8

Un retiro monástico

La preparación de la sucesión

El matrimonio entre Felipe y María Tudor en julio de 1554 significaba un golpe de timón audaz, pues Inglaterra podía vincularse al Imperio Habsburgo. El enlace se celebró en Winchester, aunque la reina inglesa, al principio de las negociaciones, no parecía muy entusiasmada: «Respondió que las condiciones de Su Alteza le eran desconocidas; que sabía por varios que Su Alteza no era tan sabio como Vuestra Majestad; que era muy joven, y no tenía más que veintiséis años; que si él quería ser voluptuoso no es lo que ella quería, por tener la edad que Vuestra Majestad conoce, y porque ella jamás ha tenido afectos o pensamientos de amor» (carta de Simon Renard, embajador imperial en Inglaterra, a Carlos V, 12 de octubre de 1553).

Hans Eworth, *Felipe II y María I* (1558). Woburn Abbey, Bedfordshire. El matrimonio entre el príncipe de España, Felipe, y la reina de Inglaterra, María Tudor, fue un éxito diplomático de Carlos V. Francia quedaba más cercada, con el puerto de Calais como punta de lanza inglesa.

La alianza con Inglaterra ayudaba a vislumbrar el panorama europeo con más esperanza pese al desastre frente a los príncipes protestantes, las amenazas soslayadas de Francia y el descontento de comerciantes e industriales de los Países Bajos. No obstante, María Tudor no pudo restaurar el catolicismo en su país y la sempiterna rivalidad marítima emponzoñó las relaciones entre Inglaterra y España.

Carlos V quiso que sus territorios de los Países Bajos y España permanecieran juntos en la herencia de su hijo. Los Países Bajos habían estado siempre bajo el punto de mira de las apetencias francesas.

Enrique II de Francia reforzó la oposición al emperador y el ascenso del papa Pablo IV ponía en dificultades la autoridad española en Italia. La desilusión y el cansancio del emperador abocaron a la entrega de la herencia patrimonial a Felipe aún en vida. En enero de 1548 el testamento político fue redactado y en 1550 dictaba sus memorias. El 25 de octubre de 1555 Carlos V renunció ante los Estados Generales de Bruselas a la soberanía de los Países Bajos en favor de su hijo Felipe. El 16 de enero siguiente abdicaba de todos sus territorios españoles. Según unos historiadores, Carlos se reservó cien mil escudos de renta para sí.

La abdicación formal se llevó a cabo en tres documentos: en el primero renunciaba a la Corona de Castilla, reino de Navarra e Indias, en el segundo a la Corona de Aragón con el reino de Cerdeña, y en el tercero al reino de Sicilia. El reino de Nápoles y el ducado de Milán fueron entregados a Felipe para ostentar mayor prestigio honorífico en su boda con María Tudor. El Franco Condado también se lo dejó a Felipe y el imperio a su hermano Fernando en septiembre de 1556, aunque los electores retrasaron su reconocimiento formal hasta febrero de 1558.

Scipione Li Volsi, *Estatua de Carlos I* (1630). Piazza Bologni, Palermo. Esta estatua de bronce conmemoraba el centenario de la primera visita de Carlos I a Palermo, en 1535. El emperador aparece vestido como un soldado romano clásico, con el cetro de mando en una mano y jurando simbólicamente con la mano derecha la constitución del reino de Sicilia, confirmando los privilegios de su aristocracia. Sicilia era un lugar estratégico en la defensa del Mediterráneo frente a los turcos. Exceptuando el imperio, Carlos abdicó en su hijo Felipe la mayor parte de sus territorios y dominios, incluidos los lugares conquistados por la Corona de Aragón en su expansión mediterránea.

El emperador se dirigió a la audiencia de los Estados Generales en estos términos durante su abdicación:

> Yo sé bien, señores, que en todo mi tiempo he cometido grandes faltas, ya fuera por mi poca edad, por ignorancia, por negligencia u otro motivo; pero bien puedo certificaros que jamás he hecho a sabiendas fuerza ni violencia a ninguno de mis súbditos [...]. La mitad del tiempo tuve grandes y peligrosas guerras, de las cuales puedo decir con verdad que las hice más por fuerza y contra mi voluntad que buscándolas ni dando ocasión para ellas [...]. Digo que ninguno de estos trabajos me fue más penoso ni afligió tanto mi espíritu como el que agora siento en dejaros [...]. Sé que para gobernar y administrar estos estados y los demás que Dios me dio ya no tengo fuerzas, y que las pocas que han quedado se han de acabar presto.
>
> Bruselas, 25 de octubre de 1555

Cartas al príncipe Felipe

La muerte de la emperatriz Isabel en 1539 y el desastre de Argel hicieron reflexionar a Carlos e involucrar a su hijo en las tareas de gobierno paulatinamente. Para ello, le hizo partícipe de los deberes del Estado y las reuniones de Cortes en los reinos peninsulares; asimismo, le dictó normas de gobierno y conducta.

En las *Instrucciones de Palamós*, del 4 de abril de 1543, Carlos estableció las normas que debía asumir Felipe como regente de los reinos peninsulares mientras Carlos se ocupaba de los asuntos europeos entre 1544 y 1549. Carlos instaba al joven de dieciséis años a consagrar su vida a la dirección de la corona y le dice que deberá dejarse aconsejar como todo gobernante, y que lleve

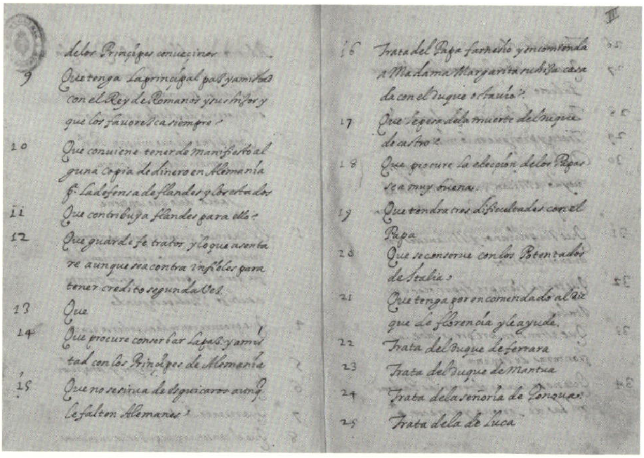

Las instrucciones a Felipe tenían el objetivo de aleccionar en los principales asuntos de Estado las orientaciones políticas del futuro monarca.

a don Juan de Zúñiga como antiguo ayo por «vuestro relox e despertador»: es la metáfora inventada por Guevara del reloj de príncipes que los despierta y avisa de las dificultades. Para afianzar la alianza con Portugal, aprobó su casamiento con su prima María Manuela. Respecto a la Corona de Aragón dentro de los territorios peninsulares, Carlos le avisaba de que «podriades desherrar en esta gobernación que en la de Castilla».

El *Testamento político* de 1548 se refiere a los asuntos internacionales en la víspera de su viaje a Europa un año después. «Hay que mantener la amistad con la rama austriaca», dirigida por Fernando, y «favorecer su autoridad imperial», aunque en 1551 Felipe rompió la armonía familiar al pretender también disputar a su tío la corona imperial. Respecto a los turcos, le instó a guardar los tratados por él firmados, y con los príncipes

Carlos instaba a Felipe a consagrar su vida a la dirección de la corona, para lo que debía rodearse de buenos consejeros como todo gobernante. Era notorio que Felipe no había desarrollado el mismo miramiento por los quehaceres militares que su padre, y este, cuando se enteró con dolor de que Felipe no había estado presente en el campo de batalla de San Quintín, el 10 de agosto de 1557, en lugar de reprocharlo, hizo de ello un mérito.

protestantes también subrayó a su heredero la necesidad de mantener buenas relaciones. De igual forma, había de mantener el respeto espiritual a la dignidad papal. En los consejos hacia Francia, en cambio, le pedía «firmeza y cautela» por las anteriores veces que Francia había roto pactos con el emperador. En cualquier caso, era prioridad mantener la paz con Francia o a lo sumo conceder una guerra defensiva. En Flandes también optaba por la firmeza y mantener la unidad territorial.

En 1549, Felipe recorrió los territorios imperiales para adiestrarse en las tareas de gobierno. Incluso, vio

Manuel Arroyo y Lorenzo,
La duquesa de Alençon es presentada a su hermano,
el rey de Francia Francisco I, por el emperador Carlos V (1887).
Museo del Prado, Madrid.

La escena recrea al rey francés enfermo, durante el encierro en la Torre de los Lujanes de Madrid una vez capturado en la batalla de Pavía, y a María de Angulema, su hermana, presentada por el emperador. Estabilizar las relaciones con Francia fue uno de sus grandes objetivos políticos y una recomendación a su hijo en el momento de la abdicación y el traspaso de poderes.

factible aspirar a la corona imperial, aunque el proyecto quedó frustrado. En las abdicaciones de 1555 Carlos dejó unas breves indicaciones religiosas a su heredero, en las que le sugería protección a la institución eclesiástica cristiana y la utilización de la Inquisición para preservar la fe católica.

El retiro en Yuste

Desde Bruselas fue acompañado a España por Jean de Croy, conde de Roeulx, Jean de Poupet, señor de la Chaulx, Floris de Montmorency, señor de Hubermont, Philippe de Recourt, señor de Licques, y varios ayudantes de cámara, de cocina, de bodega, de mesa, sus barberos, caballerizas y un médico joven, Henri Mathys. En septiembre de 1556 Carlos V zarpó acompañado de una escolta de alabarderos desde los Países Bajos hacia el puerto de Laredo. Desde allí viajó —tras una estancia de dos semanas en Valladolid— hasta el castillo de Jarandilla y permaneció tres meses en él, alojado por Fernando Álvarez de Toledo, conde de Oropesa. Visitó la habitación que le habían construido en el monasterio de Yuste el 24 de noviembre, para dar su visto bueno, pero su traslado definitivo se retrasó hasta febrero de 1557 por la espera de un pago de veintiséis mil ducados para pagar a las personas de su casa.

Los dos últimos años de vida del emperador Carlos V transcurrieron en el monasterio de Yuste, en Extremadura, alejado del bullicio de las cortes europeas o de las ciudades castellanas donde había residido. Allí pudo reflexionar sobre una vida llena de acción y decisiones no siempre acertadas. Se rodeó de multitud de objetos, instrumentos científicos (compases, astrolabios, mapas, reglas), relojes, libros de temáticas diversas

Una compañía de alabarderos escoltó al emperador en su último viaje desde Bruselas hasta el monasterio de Yuste, adonde llegó el 3 de febrero de 1557. Los monjes entonaron el tedeum y fue acomodado en una silla a los pies del altar mayor. El clima frío horrorizó a su séquito, que comentaba que llovía en solo una hora lo que en Valladolid en un día entero.

(literatura, astronomía, historia, filosofía, ciencias naturales) y piedras y minerales con supuestas propiedades mágicas. Además, instaló una colección de pinturas con retratos familiares y obras de artistas venecianos y flamencos.

Miguel de Ferdinandy describe cómo uno de sus más serviciales caballeros, Guillermo de Male, ofrecía un retrato conmovedor de la soledad de Carlos en Yuste. Este caballero vivía en una pequeña cámara contigua al dormitorio del emperador, a quien solía acompañar, le leía la Biblia o la obra de Flavio Josefo, y percibía el alma torturada de su señor. También el jerónimo fray Juan de Ortega le acompañaba en las veladas, conversaba con su confesor Juan de Regla y se entretenía con sus lecturas, su colección de relojes o los artilugios del ingeniero hidrográfico Juanelo Turriano.

Miguel Jadraque y Sánchez de Ocaña, *Carlos V en Yuste* (1878). Museo del Prado, Madrid (en depósito en la Cámara de Comercio de Salamanca). En su retiro de Yuste no hubo contemplación monástica. Si la abdicación de Carlos se interpreta en términos de grandilocuente ascetismo, consideró el hecho de no atraer hacia el seno de la Iglesia católica a los reformados como un fallo en su misión imperial, ya que no había exterminado la herejía luterana.

El palacio del emperador en el monasterio de Yuste

El monasterio de Cuacos de Yuste se ubicaba en la vega de Plasencia, que gozaba de un clima templado con vegetación frondosa y variada. El monasterio se situaba en la ladera meridional de la montaña y los monjes jerónimos, desde que tuvieran la noticia un año y medio antes del retiro del emperador en aquel lugar, plantaron huertos y jardines y canalizaron el agua para que hubiera fuentes y estanques.

El exterior del monasterio de Yuste tiene un aspecto austero, aunque sus dependencias fueron aumentando por la generosidad de los condes de Oropesa y Plasencia.

El arquitecto de la casa palacio, adosada a la iglesia del monasterio, fue fray Antonio de Villacastín. La planta del edificio parece reproducir el palacio de Gante donde nació Carlos y en él se prescindió de ostentaciones inútiles, se realizó con sencillez y austeridad para que resultara cómodo, dadas las limitaciones físicas del insigne huésped. Disponía de dos plantas con idéntica distribución, la superior destinada como vivienda en la época invernal y la inferior para residencia estival. Un pasillo central daba acceso a dos cámaras nada espaciosas. Desde su habitación, a través de una ventana en sentido oblicuo que daba al altar mayor de la iglesia, podía observar y seguir los oficios divinos. Una terraza cubierta por una techumbre permitía al emperador permanecer en su sillón varias horas al aire libre. En una pequeña cámara se colocó un instrumento desconocido en Castilla: una estufa que constaba de placas de hierro en el fondo de la chimenea.

El monasterio, con un claustro gótico y otro plateresco, alojó al servicio imperial: el mayordomo, Luis Méndez Quijada, que llevaba ligado a su persona treinta y cuatro años; el secretario, Martín de Gaztelu; el médico flamenco Mathys; el ayuda de cámara Van Male y numerosos criados; los predicadores de mejor voz y los monjes enviados por fray Francisco de Tofiño, general de la orden jerónima, para el servicio de la capilla. Su confesor le respondía con frecuencia: «Dixisti peccata Caroli, non Caesaris», quería saber los pecados, las faltas y las buenas acciones de Carlos, no del emperador.

Las paredes se cubrieron de negro por el reciente luto por la reina Juana y, sobre ellas, se colgaron los cuadros de Tiziano *La Gloria* y el retrato de la emperatriz, además de otras pinturas flamencas con temas piadosos, alfombras y tapices.

Despacho de Carlos V en el monasterio de Yuste.

Silla articulada de Carlos V donde podía descansar la pierna maltrecha por la gota. En su estancia en Yuste la gota le sumió en dolores intolerables, aunque no moderó los excesos de la comida. La irritación en las piernas la combatía con una mezcla de vinagre con agua de rosas, remedio que su propio médico consideraba peligroso.

El emperador asiste ¡a sus propias exequias!

En su retiro en Yuste se acentuó la religiosidad del emperador, exacerbada por vivir y ocuparse de las celebraciones litúrgicas cotidianas de la comunidad de monjes. Louis-Prosper Gachard recoge minuciosamente su vinculación con los oficios religiosos durante su estancia en Yuste. Escuchaba a diario la misa de vísperas, ya fuera desde una tribuna construida para él junto al coro o desde la ventana de su habitación que daba al altar mayor. Los miércoles, viernes y domingos escuchaba el sermón de uno de sus tres predicadores, y el resto de días una lectura a cargo de fray Bernardino de Salinas. En las fiestas religiosas principales se confesaba y comulgaba. Carlos había ordenado cuatro misas diarias: dos por el alma de sus padres; la tercera por la emperatriz; y la cuarta por él mismo, a la que asistía. Los jueves tenía lugar otra misa del santísimo sacramento que se celebraba con música y solemnidad.

Aquel caluroso verano hizo que muchos pueblos de alrededor se vieran infestados de enfermedades y el emperador, además de dormir con las piernas descubiertas, abría las puertas y ventanas de su habitación durante la noche. El 9 de agosto un dolor en el cuello se extendió rápidamente por hombros, codos, puños y rodillas. En aquel momento tuvo la ocurrencia de celebrar sus exequias y asistir personalmente. Así se lo comentó a Nicolás Benigne, uno de sus barberos, cuando le afeitaba: «Pienso que tengo dos mil escudos de reserva y calculo cómo hacer con esta suma mis exequias».

A su confesor no le pareció mal celebrar las exequias de sus padres y de la emperatriz, pero trató de disuadirle de celebrar las propias: «Que V. M. viva largos años lo quiera Dios, como nosotros lo deseamos, y que no nos anuncie su muerte antes de tiempo. Cuando plazca al Señor llamaros ante Él, aquellos de nosotros que permanezcamos aquí cumpliremos con nuestro deber». No obstante, ante su insistencia, accedió a realizar las exequias. Carlos y el séquito, vestidos de luto, tomaron parte en las misas dichas por él, y fue a ofrecer su cirio entre las manos del oficiante.

El emperador había enfermado a finales de agosto de 1558 por unas fiebres palúdicas provocadas por un mosquito del estanque artificial que Juanelo Turriano había creado. El 19 de septiembre tuvo delirios por las altas fiebres y recibió la extremaunción. Juan de Regla se

G. P. Torriglio, *Muerte de Carlos V.* El emperador, tras una convalecencia provocada probablemente por paludismo, expiró la madrugada del 21 de septiembre de 1558.

Aunque Carlos dejó escrito que quería yacer en la cripta del monasterio de Yuste, Felipe envió sus restos al Panteón de los Reyes del Real Monasterio de San Lorenzo de El Escorial en enero de 1574.

encargó de ello y el enfermo lo afrontó conscientemente y con extrema devoción. En sus postreras horas el emperador mandó traer el crucifijo que había pertenecido a la emperatriz Isabel; acompañado de sus allegados con velas blancas encendidas y ayudado por el arzobispo de Toledo, fray Bartolomé de Carranza, tomó el crucifijo en una mano y dijo: «Ya es tiempo… Jesús». Exhaló su última bocanada. Eran las dos y media de la madrugada del 21 de septiembre de 1558.

Carlos V tenía solo cincuenta y ocho años cuando falleció, pero parecía un hombre viejo y lisiado que apenas podía caminar o utilizar sus manos. Luis Quijada dijo aquel día que había desaparecido «el principal hombre que hubo en el mundo, ni habrá».

Balance del reinado carolino

El propio Carlos, a los cuarenta y ocho años, hacía balance de su reinado. Este se resumía en la herencia de sus años mozos, los reinos españoles, el trono imperial, la captura de Francisco de Francia, la reconciliación con el papa, la coronación imperial, la campaña de África, la entrada en Roma en 1536 y la preparación del concilio que debía mantener unida a la cristiandad. Manuel Fernández Álvarez ha retratado en sus obras sobre Carlos V un héroe que luchó por la unidad espiritual de Europa y su defensa contra la amenaza islámica.

La perspectiva vital ofrecía al emperador un balance de fracaso y un sentimiento de culpabilidad y de pecado. Se preguntaba si la armonía entre su gobierno y el orden divino de la Tierra habría sido dañada. Mientras el «sueño imperial» había sido disipado por la pérdida de Alemania y la fragmentación de Italia, los Países Bajos y España eran los pilares del poder de los Habsburgo y la administración y las finanzas eran plenamente hispánicas. Joseph Pérez no duda en hablar de Carlos como el primer europeísta al dotar de cierto matiz mesiánico al imperio e intentar extender una «buena conciencia europea».

La idea imperial, cuya génesis se ha asignado al canciller Mercurino Gattinara, fue rebatida en 1937 por Ramón Menéndez Pidal, de cuya reflexión se han hecho eco una pléyade de historiadores:

> No puede imaginarse situación más confusa que la suya. Un rey de España que sube al trono sin poder hablar el español. Un emperador que se dice señor de todo el mundo y no es obedecido siquiera en toda Alemania; que lleva por título rey de romanos y es elegido únicamente por alemanes; que no es cabal emperador si no es coronado por el Papa y que no manda en las tierras del Papa. Todo el reinado de Carlos fue un continuado esfuerzo por eliminar estas contradicciones.

Es necesario comprender bien la idea medieval de compartir el poder terrenal —que se plasmaba, honorífica, en la corona imperial— con el poder espiritual, que ostentaba el papa. La idea de imperio, que se encontraba ya en decadencia, se reducía al Sacro Imperio Romano Germánico y no se extendía al resto de territorios.

Carlos fue un hombre con lazos semiconscientes e ideas ligadas a la Edad Media, aunque también racional, discreto y práctico, como corresponde al espíritu renacentista. Era como el águila bicéfala de su casa, que mira hacia el este y el oeste simultáneamente. La fe cristiana tamizaba su interpretación racional del mundo, en la que nace un Estado y surge el espíritu individual consciente, crítico y subjetivo del humanismo. Interpretó su poder desde el punto de vista dinástico, insiste Joseph Pérez, el reino era un bien patrimonial

En época de Carlos V el único Estado donde no se heredaba y dividía el territorio según las leyes de sucesión y la dignidad real era el Imperio alemán, desde cuyas riendas trató de defender los deberes materiales y espirituales de la cristiandad.

que le pertenecía a la monarquía, no defendía el bien común de la comunidad que gobernaba.

Como expresa John Lynch, la creación del Consejo de Italia en 1555 era una muestra de que este era un asunto más de la política exterior, en un contexto en el que Felipe II no actuaría como emperador sino como monarca absoluto. El material humano enarbolaba la bandera de la hegemonía española como legado político de Carlos V.

Antonio Domínguez Ortiz reprocha al emperador su cortedad de miras al no incluir en su testamento mención a las Indias, lugar gracias al cual surtía y financiaba sus costosas guerras por Europa, África y el Mediterráneo. No obstante, sí siguió la argumentación de fray Bartolomé de las Casas, lo que le hizo granjearse la enemistad de conquistadores y encomendadores. También los virreyes acataron las decisiones del Consejo de Indias. La contradicción estribaba en que los españoles querían el buen trato al indígena, pero de igual forma ansiaban la plata que se obtenía con la mita forzosa del cerro de Potosí. América fue para Carlos V fuente de recursos y nunca la observó como salida natural de los castellanos.

José María Jover Zamora, por su parte, hace hincapié en la política exterior del César, en cómo la correspondencia entre el emperador y la emperatriz Isabel —nieta de Isabel la Católica y de cuna portuguesa— transmitía la reticencia castellana al sempiterno enfrentamiento con Francia y también una escasa preocupación de los castellanos por las ecuménicas obligaciones de Carlos V. Este especialista expuso el proceso carolino de «hispanización», ya que el emperador fue considerando a España su «verdadera casa y entero reposo».

Peter Rassow afirma que la cuestión luterana podía haberse resuelto en seguida si se hubiera confirmado el decreto de excomunión a Lutero, pero la Dieta de Worms consideró el problema como un tema que tratar en la asamblea y Carlos accedió a ello, en parte por la inminente guerra con Francia que había de afrontar. Carlos intentó en vano, con discusiones

El matrimonio con Isabel de Portugal hizo virar al emperador Carlos V, según algunos autores, hacia una «hispanización».

religiosas, volver a unir a viejos y nuevos creyentes, y la Dieta de Augsburgo corroboró legalmente la Reforma protestante. Carlos comprendió de forma tardía que el gran enemigo eran los Estados que comulgaban con la fe luterana. De ahí la guerra de Esmalcalda como intento de separar esa unión al enfrentarse a los poderosos Estados de Kursachsen y Hessen. La victoria de Mühlberg tampoco logró tal objetivo y el problema religioso persistió. Alfred Kohler presenta una perspectiva dinástica de las cuestiones políticas desde el epicentro de los Habsburgo. De esta forma queda equilibrado el interés por la dimensión hispánica e italiana y la centroeuropea con el luteranismo como eje dominante por mantener a la cristiandad unida.

Muchos de los estudiosos del período y la evolución política de su gobierno evitan utilizar en sus investigaciones palabras grandilocuentes que coloquen a Carlos V como equidistante entre el último heredero de Carlomagno y el primero de los europeístas, pues cualquier contexto histórico de los expuestos es de una complejidad y una lejanía anacrónica manifiestas. Pero no es menos cierto que otros especialistas, pese a la asunción del fracaso final en su objetivo de doblegar el protestantismo y el dominio turco del Mediterráneo, flirtean con una imagen condescendiente de adalid de la cristiandad y resaltan en las ideas imperiales, como afirma Pérez, una especificidad de los vínculos culturales y morales occidentales.

Jakob Seisenegger, *Retrato del emperador con un perro* (1532). Kunsthistorisches Museum, Viena. Este pintor austriaco realizó cinco retratos del emperador. En este lo pinta con un cuerpo robusto de mediana estatura, con una perra de raza inglesa. Tiziano realizó una interpretación de este cuadro, con cambios estilísticos apreciables, conservada en el Museo del Prado.

El labrador y el emperador

Un testimonio cronístico nos permite observar la percepción sintética que los súbditos del emperador tenían de su figura y su acción gubernamental. Una de las aficiones conocidas del emperador era la caza. En una ocasión, narra fray Prudencio de Sandoval, se encontraba Carlos V cazando en El Pardo, en las cercanías de Madrid, en 1538. Extraviado, se cruzó con un labriego que iba en un borrico y entabló conversación con él:

> —¿Qué años había? ¿Cuántos reyes ha conocido?
>
> —Soy muy viejo, que cinco reyes he conocido: don Juan el segundo, don Enrique su hijo, don Fernando, don Felipe y a este Carlos que agora tenemos.
>
> —¿Y cuál de ellos le ha parecido el mejor? ¿Y el peor?
>
> —El mejor, sin duda, el rey Fernando, con razón llamado el Católico. En cuanto al peor, a fe mía, el que tenemos ahora es muy malo: no nos deja tranquilos, ni lo está él mismo, estando ahora en Italia, ahora en Alemania, o en los Países Bajos, abandonando a su mujer y a sus hijos y llevándose la plata de estos reinos. ¡Si ni siquiera le bastan las rentas que saca de los tesoros de las Indias! Pero, no contento con ello, impone pechos y tributos que arruinan a los pobres labradores. ¡Pluguiera Dios que no fuera más que rey de España, aunque fuera el rey más poderoso del mundo!

El emperador, sin desvelar su identidad, argumentó que estaba obligado a defender la cristiandad contra sus enemigos, lo que suponía gastos considerables que habían de ser cubiertos con los impuestos ordinarios del reino. Añadió que estaba muy unido a su esposa e hijos y justificaba su abandono por una cuestión de Estado. Personas de su séquito se acercaron en aquel momento, dirigiéndose hacia él con gran respeto.

—¿Acaso sois el rey? Por Dios, si lo hubiera sabido no os hubiera hablado así.

Carlos le agradeció su franqueza y le rogó que aceptara las razones que le había comentado. El emperador se separó del campesino con grandes muestras de generosidad.

9

Arte y cultura del primer Quinientos

El invento del Renacimiento en España

La historia cultural del Renacimiento se muestra esplendorosa en la monarquía hispánica del primer Habsburgo. Ya durante el período de los Reyes Católicos la influencia humanista de los artistas y escritores italianos era palpable en la península ibérica, donde se había presentado la *Gramática de la lengua castellana* de Elio Antonio de Nebrija. El influjo de la imprenta y la mayor alfabetización de los grupos sociales elevados favorecieron la difusión de las obras literarias. Las universidades se erigieron en centros irradiadores de conocimiento, en especial las de Alcalá y Salamanca.

En la primera mitad del siglo XVI sobresalieron poetas como Garcilaso de la Vega o Boscán. *La Celestina* de Fernando de Rojas, como género difícil de clasificar

La *Gramática de la lengua castellana de Nebrija* fue la primera escrita en lengua vulgar impresa en Europa, en 1492, un hito del estudio lingüístico.

entre el teatro y la novela moral, fue un hito literario, y el *Lazarillo de Tormes*, a mediados de siglo, inició el género de la novela picaresca denunciando críticamente injusticias sociales y corruptelas morales. En el pensamiento destacaron las aportaciones de los erasmistas y jesuitas, cuyas ideas influyeron en Juan Luis Vives y su

El palacio de Carlos V en la Alhambra de Granada recoge las características esenciales de la arquitectura renacentista italiana. Consta de una planta cuadrada con patio circular inscrito en su interior, lo que se ha interpretado como simbología imperial y cósmica. Presenta dos alturas, con el piso inferior almohadillado de orden toscano y el superior de orden jónico, donde se alternan pilastras con vanos adintelados provistos de frontones. El patio interior presenta una columnata de orden dórico en la parte inferior y de orden jónico en la superior. El palacio nunca fue habitado por Carlos V y se concluyó mucho después de su reinado.

Tratado del socorro de los pobres (1525) y en los hermanos Juan y Alfonso de Valdés, que criticaban los abusos clericales y sufrieron la persecución de la Inquisición.

La arquitectura del primer Quinientos era aún heredera del gótico isabelino o plateresco, que combinaba decoración variada con escudos, emblemas y alegorías simbólicas. Entre otros ejemplos, sobresale la fachada de la Universidad de Salamanca. El estilo renacentista, menos recargado y con decoración clasicista, se muestra en obras como el Alcázar de Toledo, de Alonso de Covarrubias, el Hospital de San Juan Bautista —conocido como Hospital Tavera, cardenal que encargó su construcción— de Toledo, el palacio de Carlos V en la Alhambra de Granada, erigido por Pedro Machuca, o la propia catedral de Granada de Diego de Siloé.

Modelo obligado de Tiziano

La pintura de la primera mitad del siglo xvi estuvo dominada por el color de la escuela veneciana y la pintura flamenca. La relación entre Tiziano y el emperador fue auspiciada por la hermana de este, María de Hungría, gran conocedora del arte.

Los retratos de Tiziano muestran un Carlos V reservado, vestido de forma austera, como un general, virrey o embajador de su época, con elegancia y sobriedad. Su rostro mostraba fealdad, con una boca de dentadura desproporcionada, que le provocaba un habla dura y gran trabajo en la masticación de la comida y su digestión. Su rostro pálido mostraba sus preocupaciones. Algunos autores comentan que los retratos expresan una anormalidad psíquica heredada de dos familias al borde de la enajenación mental, retenida por el trasiego del poder.

Tiziano realizó tres retratos de Carlos V. El primero, de 1532, muestra su figura iluminada, junto a un perro, en una imagen del rey abierta y cercana, con una ligera sonrisa. *Carlos V en la batalla de Mühlberg* (1548) es la imagen dinástica por excelencia de la casa real de Austria. El emperador aparece victorioso frente a los protestantes. La tipología ecuestre era habitual en el clasicismo escultórico, pero apenas había ejemplos en pintura. Es un cuadro cargado de gran contenido

Tiziano, *Carlos V sentado* (1548). Alte Pinakothek, Múnich. Carlos V está sentado en un sillón con las piernas hinchadas por la gota. Viste de negro, con alzacuellos, abrigo y guantes, como un elegante civil, no como un cortesano; alineado con su pierna izquierda se aprecia un bastón que le ayuda a moverse. Una interesante descripción literaria del emperador la ofrece el humanista Paulo Giovio en su *Historia*: «Tenía el emperador un rostro claro y transparente, muy lindo, con la color quebrantada como una plata. Los ojos zarcos y suaves compuestos a una cierta noble honestidad, y varonil modestia. La nariz un poco aguileña. La barbilla un poco salida a fuera (lo que le quitaba un no sé qué de gracia), pero dávale grande autoridad tenerla cubierta de una grande y roxa barba».

Tiziano, *La Gloria* (1554). Museo del Prado, Madrid. Este cuadro adquirió un carácter devocional, ya que Carlos pidió contemplarlo antes de morir. A pesar de su confusión, la obra podría interpretarse como el juicio al emperador, que hallaría la gloria eterna de la salvación.

histórico en el que no se representa el campo de batalla ni la lucha de los soldados, sino al emperador, serio, sosegado, distante, con su armadura y el caballo engalanado, a punto de cruzar el río Elba, en simbólica conexión con Julio César. El tercer retrato de Tiziano es *Carlos V sentado* (1548), y en él se aprecia el epílogo de una etapa gloriosa, mostrándolo con un rostro sereno y experimentado por todos los acontecimientos vividos.

Hay otra obra de Tiziano por la que Carlos sentía veneración: *La Gloria*, un encargo directo del emperador que se comenzó en 1551. En él se representa la muerte del emperador y de la familia de los Habsburgo, siete años antes de su óbito. Envueltos en sudarios y descalzos, con ademán contemplativo, se representan ante la Trinidad Carlos, la emperatriz Isabel de Portugal, su hijo Felipe II, su hija Juana de Austria, su hermana María, reina consorte de Hungría, y su hermana Leonor, reina de Francia y Portugal. La prelación de la Virgen se observa en su cromatismo, como única figura que camina hacia la Trinidad, vestida de azul como el Hijo y el Padre. En el codicilo del testamento del emperador se denomina *Juicio Final*.

Otros grandes artistas de la escuela flamenca del siglo XVII como Rubens (1577-1640) y su discípulo Anton van Dyck (1599-1641) también realizaron retratos del emperador Carlos V.

Respecto al arte escultórico, ha de reseñarse la figura de Leone Leoni (1509-1590), que recibió numerosos encargos del emperador Carlos V a partir de 1545, en especial una serie de retratos suyos y de la emperatriz en bronce y mármol. La lentitud de sus trabajos, una escultura anual, llegó incluso a enojar al emperador, que le retiró el salario concertado durante un tiempo.

Anton van Dyck, *Carlos V a caballo* (h. 1630). Galería de los Uffizi, Florencia. Este cuadro, inspirado en el retrato ecuestre de Tiziano, refleja de forma simbólica el poder político acumulado por el emperador.

Pedro Pablo Rubens, *Carlos V* (1604). Residenzgalerie, Salzburgo. Este cuadro alegórico presenta a Carlos V como dominador del mundo, relaciona su misión como máximo mandatario del Sacro Imperio Romano Germánico y como defensor universal de la cristiandad. Los elementos iconográficos señalan ese dominio universal: el globo terráqueo, las armas, la espada, la corona y el cetro. Rubens aprovechó sus viajes a Italia para admirar e imitar en esta obra el estilo de los retratos de Tiziano.

Leone Leoni, *El emperador Carlos V y el Furor* (1555). Museo del Prado, Madrid. Leoni concibió la figura del emperador sola y desnuda, y añadió después el Furor y la armadura, que se podía por tanto quitar y poner. De esta forma, se reflejaba el retrato armado romano, que podía ser también el *miles christianus*, y el desnudo reservado a dioses y emperadores. Este artificio no tenía precedentes clásicos ni modernos.

¿Alguien dijo ciencia?

El invento germánico de la imprenta condujo a Europa hacia la modernidad y fue el principal canal difusor de ideas. Los avances de la ciencia en el período carolino se dieron en el ámbito de la cartografía, la astronomía y la tecnología, fundamentalmente. Hay que recordar que la revolución científica se dio un siglo después con el hallazgo del método empírico, pero el Renacimiento no fue ajeno a descubrimientos y aportaciones de gran calado.

La teoría heliocéntrica enunciada por Nicolás Copérnico (1473-1543) fue un descubrimiento científico de gran trascendencia. La obra póstuma *La revolución de las esferas celestes* (1543) recoge los postulados copernicanos sobre las órbitas de los cuerpos celestes, la ubicación central del Sol en el universo y los movimientos terrestres (traslación, rotación y declinación). Por tanto, la Tierra y el resto de planetas se movían alrededor del Sol.

Durero era un artista apasionado de los artificios mecánicos, nacido en Núremberg, centro de la fabricación de relojes, a los que era muy aficionado Carlos V. El emperador mostró interés por los idiomas y los saberes científicos. Un pasaje cronístico, camino de las cortes aragonesas de Monzón, recoge este aspecto:

> Y en este tiempo como Su Majestad los más de los días estuviese mal dispuesto de la gota, holgábase en platicar con Alonso de Santa Cruz, su cosmógrafo mayor en cosas de astrología y de la esfera, preguntándole siempre muchas cosas de filosofía natural y de la esfera, que trata de los movimientos celestiales, deseando mucho saberlo todo.

Alonso de Santa Cruz, *Crónica del Emperador Carlos*, Madrid, 1922, cap. 39, p. 465.

La teoría heliocéntrica, enunciada por Aristarco de Samos en la Antigüedad y desarrollada por Copérnico en *La revolución de las esferas celestes*, supuso un giro mayúsculo en la ciencia astronómica. Los planetas que orbitaban alrededor del Sol eran Mercurio, Venus, la Tierra y la Luna, Marte, Júpiter y Saturno, ya que aún no se conocían Urano y Neptuno. Sus ideas fueron controvertidas y rechazadas en gran parte, no solo en los círculos religiosos, pero sirvieron de base a las aportaciones posteriores de Kepler y Galileo a la astronomía moderna.

Los relojes de Carlos V

Carlos V incorporó como relojero a Giovanni Torriani, Juanelo Turriano en su versión castellanizada, artesano afincado en Milán, para reparar una pieza muy avanzada de 1381. El reloj era el obsequio que el gobernador de Milán quería entregar a Carlos V con motivo de su coronación imperial en Bolonia en 1530. Después, el italiano se embarcó en la tarea de realizar un reloj de mil ochocientas piezas que tardó casi dos décadas en terminar. El reloj recibió el nombre de Planetario y gustó tanto al emperador que le recompensó con una pensión anual de ciento cincuenta ducados.

Grabado del emperador y su colección de relojes. Los relojes, a los que era muy aficionado, incorporaban una compleja maquinaria que señalaba la hora y la posición exacta de los astros. Juanelo Turriano acompañó al emperador en su estancia en Yuste.

Comenta Salvador de Madariaga que, tras ver su ideal de unidad cristiana roto, tras los desastres de Argel, Metz e Innsbruck, con la cuestión luterana candente y el concilio de Trento, Carlos debió sufrir una depresión que se esboza en los documentos de la época. Se quedaba en silencio y lloraba con frecuencia, olvidaba comer y beber y no podía dormir, y se distraía montando y desmontando relojes. La única preocupación del emperador era que su colección de relojes funcionara sin la menor quiebra. Puede interpretarse en esta afición cierta obsesión por la muerte, muy propia de la impronta finimedieval de la *devotio moderna* en países centroeuropeos. Una espiritualidad individual, que centraba su eje en la imitación de la vida ética de Cristo.

Hasta finales del siglo XVI no se lograron inventos tecnológicos como el termómetro, debido a Galileo Galilei, el microscopio o el telescopio.

Garcilaso, el poeta soldado

Garcilaso, hijo de una familia noble y educado en la corte, entró al servicio de Carlos V como contino real en 1520 y desarrolló su trayectoria como hombre de armas entre España y Nápoles. Participó en la lucha contra los comuneros castellanos en Toledo, combatió junto a Juan Boscán en la pérdida de Rodas frente a los turcos y en Fuenterrabía frente a los franceses; hallose en la coronación imperial de Carlos en Bolonia,

Garcilaso de la Vega (h. 1500-1536) es considerado el mayor poeta de la literatura castellana de la primera mitad del siglo XVI. Trasladó el clasicismo renacentista a la lírica en castellano.

pero este le desterró a una isla en el Danubio por no mantener la fidelidad a la corona en un asunto familiar. Posteriormente, recuperó su confianza y participó en distintos episodios bélicos como la toma de Florencia frente a los franceses, la liberación del asedio al que los turcos sometieron a Viena y la campaña de Túnez.

En Italia entró en contacto con las figuras de la lírica renacentista, como Petrarca, y descubrió a clásicos latinos, como Virgilio, Ovidio y Horacio. Adaptó a la lírica castellana la métrica de los versos italianos encadenada al endecasílabo y con él se conformaron nuevas estrofas: el terceto, el soneto, la lira, etc. En su escueta obra literaria se encuentran las raíces del estilo pastoril, en el que con sencillez y claridad en la exposición se narraba una historia amorosa de forma idealizada:

> Divina Elisa, pues, agora el cielo
> con inmortales pies pisas y mides,
> y su mudanza ves, estando queda,
> ¿por qué de mi te olvidas y no pides
> que se apresure el tiempo en que este
> velo rompa del cuerpo, y verme libre pueda
> y en la tercera rueda contigo mano a mano,
> busquemos otro llano,
> busquemos otros montes y otros ríos,
> otros valles floridos y sombríos
> donde descanse y siempre pueda verte
> ante los ojos míos,
> sin miedo y sobresalto de perderte?
>
> Garcilaso de la Vega, Égloga I

En el transcurso de la guerra contra Francia, en 1536, Garcilaso de la Vega comandaba un tercio de infantería de tres mil soldados y en el asalto a la fortaleza de Le Muy fue alcanzado por una piedra arrojada por los cercados, lo que le dejó herido de muerte.

El *Lazarillo de Tormes*

La literatura del siglo XVI reflejó de forma crítica y realista las desigualdades sociales de la época. El *Lazarillo de Tormes*, de autor anónimo, es considerado por muchos especialistas el comienzo de la novela moderna, alejada de la idealización de la realidad característica

Edición primigenia de 1554 del *Lazarillo de Tormes*. La obra está articulada en siete tratados en los que el protagonista narra sus aventuras a una persona que llama «Vuestra Merced», interesada en ellas. Sus tres primeros amos son un mendigo ciego, un clérigo avaro y un escudero arruinado, un retrato social descarnado y cruel.

de la novela de caballerías. El libro que más apreciaba el emperador Carlos era, precisamente, uno moralizante de caballerías: *Le Chevalier délibéré (El Caballero determinado)*, escrito por Olivier de La Marche.

El género de la novela picaresca incluye un protagonista marginal, de baja condición social, que trabaja desde mozo para diversos amos y que sobrevive gracias a su ingenio. El hambre guía las acciones del pícaro, que realiza diversos engaños durante sus aventuras.

El estilo es autobiográfico, es una narración epistolar que con frecuencia recoge episodios deshonestos. La existencia vital del protagonista queda recogida con realismo y crudeza, con un lenguaje llano y vulgar para subrayar la veracidad de la narración.

La intención crítica de la obra se manifiesta en la hondura psicológica de los personajes, que permiten reflexionar e incluso ironizar sobre la organización social y sobre el ser humano. La censura de las clases poderosas se aprecia en los diversos amos del lazarillo, en especial la denuncia sobre un clero corrupto y desviado de las normas morales. La evolución social de Lázaro contrasta con su degradación moral, cuando se insinúa que el arcipreste que lo protege y lo casa con una criada lo hace a cambio de permitir tácitamente las relaciones de ambos. El realismo de la novela se percibe en la identificación de espacios y lugares en un contexto histórico de conflictos contemporáneos.

El origen de Lázaro

Pues sepa Vuestra Merced, ante todas cosas, que a mí llaman Lázaro de Tormes, hijo de Tomé González y de Antona Pérez, naturales de Tejares, aldea de Salamanca. Mi nascimiento fue dentro del río Tormes, por la cual causa tomé el sobrenombre; y fue desta manera: mi padre, que Dios perdone, tenía cargo de proveer una molienda de una aceña que está ribera de aquel río, en la cual fue molinero más de quince años; y estando mi madre una noche en la aceña, preñada de mí, tomole el parto y pariome allí. De manera que con verdad me puedo decir nascido en el río [...].

Mi viuda madre, como sin marido y sin abrigo se viese, determinó arrimarse a los buenos, por ser uno dellos, y vínose a vivir a la ciudad y alquiló una casilla, y metiose a guisar de comer a ciertos estudiantes, y lavaba la ropa a ciertos mozos de caballos del Comendador de la Magdalena; de manera que fue frecuentando las caballerizas.

Luis Santamaría y Pizarro, *El lazarillo de Tormes* (1887). Museo del Prado, Madrid (en depósito en el Museo de Almería). La lectura del *Lazarillo* deja un poso de amargura pesimista sobre las relaciones humanas, que se basan en la mentira y en una existencia sin soporte alguno de valores.

Ella y un hombre moreno de aquellos que las bestias curaban vinieron en conoscimiento. Este algunas veces se venía a nuestra casa y se iba a la mañana. Otras veces de día llegaba a la puerta, en achaque de comprar huevos, y entrábase en casa. Yo, al principio de su entrada, pesábame con él y habíale miedo, viendo el color y mal gesto que tenía; mas de que vi que con su venida mejoraba el comer, fuile queriendo bien, porque siempre traía pan, pedazos de carne y en el invierno leños, a que nos calentábamos.

Conclusiones

La figura de Carlos V es poliédrica, como hemos visto. Ya entre sus contemporáneos suscitó fervientes defensores y también detractores. El cronista Alonso de Santa Cruz decía de él que «era muy sospechoso, principalmente, con los españoles; en tanta manera que si le aconsejaban pensaba que era más por amistad y malicia que no por razón». Por su educación borgoñona, nunca perderá esa idiosincrasia en gustos y tradiciones, aunque su determinación —para algunos excesivamente parsimoniosa— podía obedecer a su sangre de ascendencia española. Fue un hombre culto, de juicio claro, aunque su condición de cristiano católico se anteponía a todo, en la victoria militar y en el gobierno del reino, con un sentido providencialista del curso de la historia.

Muy poco acorde con la realidad del emperador se antojan los parabienes junto a Carlomagno, referente del ideal imperial de la Alta Edad Media, como precursores u oráculos de la contemporánea Unión Europea. Las comparaciones de contextos históricos no resisten el primer embiste. El estudio histórico ha de basarse en las transformaciones y cambios experimentados en los distintos ámbitos de los procesos narrados. No se pueden extrapolar las relaciones internacionales establecidas en la Edad Contemporánea para la explicación de la organización y administración de los dominios imperiales carolinos. Estos eran un *totum revolutum* de conglomerados territoriales con un mismo titular pero diversos niveles jurisdiccionales y administrativos. Y diversas instituciones fueron evolucionando al compás de los nuevos tiempos históricos, que requerían más letrados universitarios para ejecutar las leyes y la organización administrativa, el aumento impositivo, la organización de los consejos, etcétera.

En la política europea, a mediados del siglo XVI, la monarquía hispánica era la primera potencia militar, rodeada de enemigos: Francia, los otomanos, los territorios protestantes y Enrique VIII de Inglaterra, los escenarios a los que se había enfrentado una y otra vez Carlos en su reinado. Al abdicar en Bruselas en 1556 repartió las cargas políticas entre su hijo Felipe, que recibió los territorios españoles y borgoñones, y su hermano Fernando, que heredó el imperio. España pagó un alto precio por ello, ya que hubo de involucrarse en las continuas guerras políticas y religiosas de Europa central en los siglos siguientes.

Tamizado por la religiosidad de la época, compatible con la apertura de las mentalidades gracias al humanismo y a la revolución científica en marcha, Carlos V veló por la unidad imposible de la cristiandad. Ensalzado por unos y menospreciado por otros en su faceta política, en especial debido al acto de la abdicación, su idea imperial fue más metafórica que efectiva, aunque sí fue considerado como el poder terrenal más poderoso, por encima del espiritual del papa, en una tesitura histórica de grandísima complejidad. Y aunque terminó su vida en Castilla, poco tuvo de española su vocación imperial y universal. Luces y sombras, éxitos y fracasos, auges y caídas, componen como bagaje final el puzle del gobierno de Carlos de Gante.

Anexos finales

Cronología del gobierno de Carlos V

1500	Nacimiento en Gante (25 de febrero)
1504	Acceso al trono de Castilla de Juana I
1506	Muerte de Felipe I
1507	Carlos, nombrado duque de Borgoña y conde de Flandes
1517	Llegada a España de Carlos (19 de septiembre)
	Nombramiento como regente (8 de noviembre)
1519	Elección como emperador de Carlos V (28 de junio)

1519-1521	Conquista de México por Hernán Cortés
1519-1522	Vuelta al mundo de Magallanes y Elcano
1520	Condena de Lutero en Colonia
	Alianza entre Carlos y Enrique VII de Inglaterra
1520-1521	Sublevación de las Comunidades de Castilla
1521	Dieta de Worms y excomunión de Lutero
1521-1523	Sublevación de las Germanías
	Gobierno de Fernando, hermano de Carlos, en Austria
1522	Expulsión de los franceses de Milán
	Creación del Consejo de Hacienda
	Instauración de la Inquisición en los Países Bajos
1523	Liga de Carlos V, Enrique VIII, el papa y el condestable de Borbón contra Francia
1525	Batalla de Pavía (24 de febrero) y captura de Francisco I de Francia
1526	Tratado de Madrid (14 de enero): anexión de Milán y Borgoña
	Matrimonio con Isabel de Portugal en Sevilla (10 de marzo)
	Concierto de la Liga de Cognac

1527	Segunda guerra con Francia
	Saco de Roma por las tropas imperiales (6 de mayo)
1529	Tratado de Barcelona (25 de junio)
	Paz de Cambrai (5 de agosto)
	Cerco turco de Viena
1530	Coronación imperial de Carlos en Bolonia
	Dieta de Augsburgo y ruptura entre católicos y protestantes
	Fundación de la Liga de Esmalcalda
1531-1535	Conquista del Perú por Francisco Pizarro
1533	Estancia en Cataluña
1534	Estancia en Castilla
1535	Conquista de Túnez
	Creación del virreinato de Nueva España
1538	Tregua de Niza con Francia
1539	Muerte de la emperatriz Isabel
1539-1540	Revuelta de Gante por el aumento de impuestos
1540	Felipe de España, duque de Milán
1541	Expedición fracasada contra Argel
1542-1544	Cuarta guerra con Francia
1544	Paz de Crépy
1545	Inicio del Concilio de Trento
	Estancia en Alemania y Flandes

1547	Conflicto entre el emperador y el papa
	Batalla de Mühlberg
1548	Interim de Augsburgo
1549	Separación formal de los Países Bajos del imperio
1552	Retirada de Innsbruck
1554	Matrimonio de Felipe de España y María de Inglaterra
1555	Paz religiosa de Augsburgo
1556	Abdicación de Bruselas a favor de Felipe II del gobierno de Castilla, Aragón, Flandes, Sicilia y las Indias
1558	Abdicación del poder imperial en Fernando I
	Fallecimiento de Carlos V en Yuste (21 de septiembre)

El poder europeo durante la época de Carlos V

Papas

1492-1503	Alejandro VI
1503	Pío III
1503-1513	Julio II
1513-1521	León X
1522-1523	Adriano VI
1523-1534	Clemente II

1534-1549 Pablo III
1550-1555 Julio III
1555-1559 Pablo IV

Emperadores de Alemania

1493-1519 Maximiliano I
1519-1556 Carlos V
1556-1564 Fernando I

Reyes de Inglaterra

1485-1509 Enrique VII
1509-1547 Enrique VIII
1547-1553 Eduardo VI
1553-1558 María I

Reyes de Dinamarca

1481-1513 Juan I
1513-1522 Cristián II
1522-1533 Federico I
1533-1559 Cristián III

Reyes de Francia

1498-1515 Luis XII
1515-1547 Francisco I
1547-1559 Enrique II

Reyes de España

1468-1504	Isabel I
1504-1516	Juana I
1516-1556	Carlos I
1556-1598	Felipe II

Reyes de Hungría

1490-1514	Ladislao V
1514-1524	Luis II
1525-1540	Juan I
1541-1571	Juan II

Reyes de Polonia

1492-1501	Juan I
1501-1506	Alejandro I
1506-1548	Segismundo I
1548-1572	Segismundo II

Zares de Rusia

1462-1505	Iván III
1505-1533	Basilio III
1533-1584	Iván IV

Sultanes de Turquía

1481-1512	Bayezid II
1512-1520	Selim I
1520-1566	Solimán II

Bibliografía

Alonso García, David. *Breve historia de los Austrias.* Madrid: Nowtilus, 2009.

Alvar Ezquerra, Alfredo. «La necesidad de modernización historiográfica y los cronistas de Carlos V». En: García García, Bernardo José. (coord.). *El Imperio de Carlos V: procesos de agregación y conflicto.* Madrid: Fundación Carlos de Amberes, 2000.

—, *La emperatriz.* Madrid: La Esfera de los Libros, 2012.

Campbell, Jodi. «Cultura popular y vida cotidiana en el imperio de Carlos V». En: *Cuadernos hispanoamericanos*, 2000; n.º 605: 29-38.

Carrasco, Rafael. *La empresa imperial de Carlos V.* Madrid: Cátedra, 2015.

Chaunu, Pierre. *La España de Carlos V.* (Vols. 1 y 2). Barcelona: Ediciones Península, 1976.

Ferdinandy, Miguel de. *El emperador Carlos V. Semblanza de un hombre.* Río Piedras: Universidad de Puerto Rico, 1964.

Fernández Álvarez, Manuel. «Carlos V y Doña Juana». En: *En el umbral de Carlos V*. Madrid: Centro de Estudios Ramón Areces, 2000.

—, *Carlos V: el César y el hombre*. Barcelona: Espasa, 2015.

Floristán Imízcoc, Alfredo (coord.). *Historia de España en la Edad Moderna*. Barcelona: Ariel, 2011.

Foronda y Aguilera, Manuel de. *Estancias y viajes del Emperador Carlos V, desde el día de su nacimiento hasta el de su muerte, comprobados y corroborados con documentos originales, relaciones auténticas, manuscritos de su época y otras obras existentes en los archivos y bibliotecas públicos de España y del extranjero*. Madrid: Sucesores de Rivadeneyra, 1914.

Gachard, Louis-Prosper. *Carlos V*. Pamplona: Urgoiti Editores, 2015.

Gallego Morel, Antonio (coord.). *Carlos V (1500-1558).* Granada: Universidad de Granada, 2001 (ed. facsímil de la original en 1958).

García de Cortázar, Fernando. *Atlas de Historia de España*. Barcelona: Planeta, 2005.

García Hernán, David. *La nobleza en la España moderna*. Madrid: Istmo, 1992.

—, *Carlos V. Imperio y frustración*. Madrid: Paraninfo, 2016.

Girón, Pedro. *Crónica del emperador Carlos V* (ed. J. Sánchez Montes). Madrid: Consejo Superior de Investigaciones Científicas, 1964.

Jiménez Rayado, Eduardo (coord.). *La villa y la tierra de Madrid en los albores de la capitalidad (siglos XIV-XVI)*. Madrid: Asociación Cultural Al-Mudayna, 2010.

Jover Zamora, José María. *Carlos V y los españoles*. Madrid: Rialp, 1987.

Kohler, Alfred. *Carlos V: 1500-1558, una biografía*. Madrid: Marcial Pons, 2001.

Ladero Quesada, Miguel Ángel. *La España de los Reyes Católicos*. Madrid: Alianza Editorial, 2014.

Lynch, John. *España bajo los Austrias. 1: Imperio y absolutismo (1516-1598)*. Barcelona: Ediciones Península, 1982.

—, *Monarquía e imperio: el reinado de Carlos V*. Historia de España vol. 11. Madrid: El País, 2007.

—, *Los Austrias, 1516-1700*. Barcelona: Crítica, 2009.

Madariaga, Salvador de. *Carlos V.* Barcelona: Grijalbo, 1982.

Martínez Millán, José (coord.). *La Corte de Carlos V. Corte y Gobierno.* Vol. 1. Madrid: Sociedad Estatal para la Conmemoración de los Centenarios de Felipe II y Carlos V, 2000.

Martínez Ruiz, Enrique, Giménez López, Enrique, Armillas Vicente, José Antonio, *et al. Introducción a la Historia Moderna*. Madrid: Istmo, 1994.

Menéndez Pidal, Ramón. *Idea imperial de Carlos V.* Madrid: Espasa-Calpe, 1971.

Mexía, Pedro. *Historia del Emperador Carlos V.* Madrid: Biblioteca Nacional. 1926.

Nieto Soria, José Manuel. *De Enrique IV al emperador Carlos. Crónica anónima castellana de 1454 a 1536*. Madrid: Sílex, 2015.

Pérez, Joseph. *La revolución de las comunidades de Castilla (1520-1521)*. Madrid: Siglo XXI, 1977.

—, *Carlos V*. Madrid: Temas de hoy, 1999

Sandoval, Prudencio de. *Historia de la vida y hechos del Emperador Carlos V.* Madrid: Atlas, 1955-1956.

Santa Cruz, Alonso de. *Crónica del Emperador Carlos V.* Madrid: Imp. del Patronato de Huérfanos de Intendencia e Intervención Militares, 1922.

Quintanilla Raso, María Concepción (coord.). *Títulos, grandes del reino y grandeza en la sociedad política: sus fundamentos en la Castilla medieval*. Madrid: Sílex, 2006.

Vilar Sánchez, Juan Antonio. *Carlos V: emperador y hombre*. Madrid: Edaf, 2015.

VV. AA. *Historia de España*. Vols. 8, 9 y 10. Barcelona: Salvat, 1993.

Colección Breve Historia...

- *Breve historia de los samuráis*, Carol Gaskin y Vince Hawkins
- *Breve historia de la Antigua Grecia*, Dionisio Mínguez Fernández
- *Breve historia del Antiguo Egipto*, Juan Jesús Vallejo
- *Breve historia de la brujería*, Jesús Callejo
- *Breve historia de la Revolución rusa*, Íñigo Bolinaga
- *Breve historia de la Segunda Guerra Mundial*, Jesús Hernández
- *Breve historia de la Guerra de Independencia española*, Carlos Canales
- *Breve historia de los íberos*, Jesús Bermejo Tirado
- *Breve historia de los incas*, Patricia Temoche
- *Breve historia de Francisco Pizarro*, Roberto Barletta
- *Breve historia del fascismo*, Íñigo Bolinaga
- *Breve historia del Che Guevara*, Gabriel Glasman
- *Breve historia de los aztecas*, Marco Cervera
- *Breve historia de Roma I. Monarquía y República*, Bárbara Pastor

- *Breve historia de Roma II. El Imperio*, Bárbara Pastor
- *Breve historia de la mitología griega*, Fernando López Trujillo
- *Breve historia de Carlomagno y el Sacro Imperio Romano Germánico*, Juan Carlos Rivera Quintana
- *Breve historia de la conquista del Oeste*, Gregorio Doval
- *Breve historia del salvaje Oeste. Pistoleros y forajidos*, Gregorio Doval
- *Breve historia de la Guerra Civil española*, Íñigo Bolinaga
- *Breve historia de los cowboys*, Gregorio Doval
- *Breve historia de los indios norteamericanos*, Gregorio Doval
- *Breve historia de Jesús de Nazaret*, Francisco José Gómez
- *Breve historia de los piratas*, Silvia Miguens
- *Breve historia del Imperio bizantino*, David Barreras y Cristina Durán
- *Breve historia de la guerra moderna*, Françesc Xavier Hernández y Xavier Rubio
- *Breve historia de los Austrias*, David Alonso García
- *Breve historia de Fidel Castro*, Juan Carlos Rivera Quintana
- *Breve historia de la carrera espacial*, Alberto Martos
- *Breve historia de Hispania*, Jorge Pisa Sánchez
- *Breve historia de las ciudades del mundo antiguo*, Ángel Luis Vera Aranda

- *Breve historia del Homo sapiens*, Fernando Díez Martín
- *Breve historia de Gengis Kan y el pueblo mongol*, Borja Pelegero Alcaide
- *Breve historia del Kung-Fu*, William Acevedo, Carlos Gutiérrez y Mei Cheung
- *Breve historia del condón y de los métodos anticonceptivos*, Ana Martos Rubio
- *Breve historia del Socialismo y el Comunismo*, Javier Paniagua
- *Breve historia de las cruzadas*, Juan Ignacio Cuesta
- *Breve historia del Siglo de Oro*, Miguel Zorita Bayón
- *Breve historia del rey Arturo*, Christopher Hibbert
- *Breve historia de los gladiadores*, Daniel P. Mannix
- *Breve historia de Alejandro Magno*, Charles Mercer
- *Breve historia de las ciudades del mundo clásico*, Ángel Luis Vera Aranda
- *Breve historia de España I. Las raíces*, Luis E. Íñigo Fernández
- *Breve historia de España II. El camino hacia la modernidad*, Luis E. Íñigo Fernández
- *Breve historia de la alquimia*, Luis E. Íñigo Fernández
- *Breve historia de las leyendas medievales*, David González Ruiz
- *Breve historia de los Borbones españoles*, Juan Granados
- *Breve historia de la Segunda República española*, Luis E. Íñigo Fernández

- *Breve historia de la Guerra del 98*, Carlos Canales y Miguel del Rey
- *Breve historia de la guerra antigua y medieval*, Francesc Xavier Hernández y Xavier Rubio
- *Breve historia de la Guerra de Ifni-Sahara*, Carlos Canales y Miguel del Rey
- *Breve historia de la China milenaria*, Gregorio Doval
- *Breve historia de Atila y los hunos*, Ana Martos
- *Breve historia de los persas*, Jorge Pisa Sánchez
- *Breve historia de los judíos*, Juan Pedro Cavero Coll
- *Breve historia de Julio César*, Miguel Ángel Novillo López
- *Breve historia de la medicina*, Pedro Gargantilla
- *Breve historia de los mayas*, Carlos Pallán
- *Breve historia de Tartessos*, Raquel Carrillo
- *Breve historia de las Guerras Carlistas*, Josep Carles Clemente
- *Breve historia de las ciudades del mundo medieval*, Ángel Luis Vera Aranda
- *Breve historia de la música*, Javier María López Rodríguez
- *Breve historia del Holocausto*, Ramon Espanyol Vall
- *Breve historia de los neandertales*, Fernando Díez Martín
- *Breve historia de Simón Bolívar*, Roberto Barletta
- *Breve historia de la Primera Guerra Mundial*, Álvaro Lozano
- *Breve historia de Roma*, Miguel Ángel Novillo López

- *Breve historia de los cátaros*, David Barreras y Cristina Durán
- *Breve historia de Hitler*, Jesús Hernández
- *Breve historia de Babilonia*, Juan Luis Montero Fenollós
- *Breve historia de la Corona de Aragón*, David González Ruiz
- *Breve historia del espionaje*, Juan Carlos Herrera Hermosilla
- *Breve historia de los vikingos*, Manuel Velasco
- *Breve historia de Cristóbal Colón*, Juan Ramón Gómez Gómez
- *Breve historia del anarquismo*, Javier Paniagua
- *Breve historia de Winston Churchill*, José Vidal Pelaz López
- *Breve historia de la Revolución Industrial*, Luis E. Íñigo Fernández
- *Breve historia de los sumerios*, Ana Martos Rubio
- *Breve historia de Cleopatra*, Miguel Ángel Novillo
- *Breve historia de Napoleón*, Juan Granados
- *Breve historia de al-Ándalus*, Ana Martos Rubio
- *Breve historia de la astronomía*, Ángel R. Cardona
- *Breve historia del islam*, Ernest Y. Bendriss
- *Breve historia de Fernando el Católico*, José María Manuel García-Osuna Rodríguez
- *Breve historia del feudalismo*, David Barreras y Cristina Durán
- *Breve historia de la utopía*, Rafael Herrera Guillén

- *Breve historia de Francisco Franco*, José Luis Hernández Garvi
- *Breve historia de la Navidad*, Francisco José Gómez
- *Breve historia de la Revolución francesa*, Iñigo Bolinaga
- *Breve historia de Hernán Cortés*, Francisco Martínez Hoyos
- *Breve historia de los conquistadores*, José María González Ochoa
- *Breve historia de la Inquisición*, José Ignacio de la Torre Rodríguez
- *Breve historia de la arqueología*, Jorge García
- *Breve historia del Arte*, Carlos Javier Taranilla de la Varga
- *Breve historia del cómic*, Gerardo Vilches Fuentes
- *Breve historia del budismo*, Ernest Yassine Bendriss
- *Breve historia de Satanás*, Gabriel Andrade
- *Breve historia de la batalla de Trafalgar*, Luis E. Íñigo Fernández
- *Breve historia de los Tercios de Flandes*, Antonio José Rodríguez Hernández
- *Breve historia de los Medici*, Eladio Romero
- *Breve historia de la Camorra*, Fernando Bermejo
- *Breve historia de la guerra civil de los Estados Unidos*, Montserrat Huguet
- *Breve historia de la guerra del Vietnam*, Raquel Barrios Ramos

- *Breve historia de la Corona de Castilla*, José Ignacio Ortega
- *Breve historia de entreguerras*, Óscar Sainz de la Maza
- *Breve historia de los godos*, Fermín Miranda
- *Breve historia de la Cosa Nostra*, Fernando Bermejo
- *Breve historia de la batalla de Lepanto*, Luis E. Íñigo Fernández
- *Breve historia del mundo*, Luis E. Íñigo Fernández
- *Breve historia de los dirigibles*, Carlos Lázaro
- *Breve historia del Románico*, Carlos Javier Taranilla de la Varga
- *Breve historia de la Literatura española*, Alberto de Frutos
- *Breve historia de Cervantes*, José Miguel Cabañas
- *Breve historia de la Gestapo*, Sharon Vilches
- *Breve historia de los celtas* (nueva edición), Manuel Velasco
- *Breve historia de la arquitectura*, Teresa García Vintimilla
- *Breve historia de la guerra de los Balcanes*, Eladio Romero e Iván Romero
- *Breve historia de las Guerras Púnicas*, Javier Martínez-Pinna
- *Breve historia de Isabel la Católica*, Sandra Ferrer Valero
- *Breve historia del Gótico*, Carlos Javier Taranilla de la Varga

- *Breve historia de la caballería medieval*, Manuel J. Prieto
- *Breve historia de la Armada Invencible*, Víctor San Juan
- *Breve historia de la mujer*, Sandra Ferrer Valero
- *Breve historia de la Belle Époque*, Ainhoa Campos Posada
- *Breve historia de las batallas navales de la Antigüedad*, Víctor San Juan
- *Breve historia de las batallas navales de la Edad Media*, Víctor San Juan
- *Breve historia del Imperio otomano*, Eladio Romero
- *Breve historia de la Guerra de la Independencia de los EE. UU.*, Montserrat Huguet Santos
- *Breve historia de la caída del Imperio romano*, David Barreras Martínez
- *Breve historia de los fenicios*, José Luis Córdoba de la Cruz
- *Breve historia de la Ciencia ficción*, Luis E. Íñigo Fernández
- *Breve historia de Felipe II*, José Miguel Cabañas
- *Breve historia del Renacimiento*, Carlos Javier Taranilla

Próximamente...

- *Breve historia de la vida cotidiana del Imperio romano*, Lucía Avial Chicharro
- *Breve historia de la Antigua Grecia*, Rebeca Arranz Santos
- *Breve historia de la Generación del 27*, Felipe Díaz Pardo
- *Breve historia de las batallas de la Antigüedad*, Carlos Díaz Sánchez
- *Breve historia de la vida cotidiana de Egipto*, Clara Ramos Bullón